…初 出…
講談社ポータルサイト「MouRa」
『宮崎吐夢の今度も店じまい』(2005年6月1日号～2006年2月22日号)
http://misejimai.net/
※「ピアノレッスン」「ペリーのお願い」
(『テックウィン』 1998年1月号・2月号／株式会社エンターブレイン)

今度《こんど》も店《みせ》じまい
今夜《こんや》で店《みせ》じまい 2nd SEASON《セカンドシーズン》

2006年4月27日　第1刷発行
2006年11月20日　第3刷発行

著者：宮崎《みやざき》吐《と》夢《む》

発行者：五十嵐隆夫
発行所：株式会社　講談社
〒112-8001　東京都文京区音羽2-12-21
編集：講談社MouRa　http://moura.jp/

ブック・デザイン：坂本志保
イラスト：河井克夫
表紙・本文写真撮影：椎野 充

印刷所：凸版印刷株式会社
製本所：凸版印刷株式会社

★この本についてのお問い合わせ先
講談社MouRa
tel：03-5395-3551
販売部　tel：03-5395-3608
業務部　tel：03-5395-3603(落丁本・乱丁本はこちらへ)

落丁本・乱丁本は購入書店名を明記のうえ、小社業務部宛にお送りください。
送料小社負担でお取り替えします。
価格はケースに表示してあります。

N.D.C.775 82p 19cm
ISBN4-06-364661-0
JASRAC R-0640128TP
0609889-602

『今夜も店じまい』 CD全曲歌詞集

今夜で
店じまい
2nd
SEASON

1:Intro～今度も店じまいのテーマ
words：宮崎吐夢　music：采原史明

2:BLACK UNKO
words：宮崎吐夢　music：サイモンガー

3:むしろキューリーはこのアタシ
words：宮崎吐夢　music：河井克夫

4:カ・ジ・テ・ツ・ダ・イ！（british neet mix）
words：宮崎吐夢　music：河井克夫

5:Tingue Bossa Bosa Bossa Nova（チンゲ・ボッサボサ・ボッサノーヴァ）
words：宮崎吐夢　music：星野源

6:おつりもらってないんです
words：タカヒロ　music：コーちゃん

7:セミ・リタイヤのすすめ
words：タカヒロ　music：コーちゃん

8:ニャンニャン写真
words：タカヒロ　music：コーちゃん

9:裏日本に生まれて
words：タカヒロ　music：コーちゃん

10:昭和の情熱
words：タカヒロ　music：コーちゃん

11:専門学校校歌
words：宮崎吐夢　music：河井克夫

12:TABASCO UNKO
words：宮崎吐夢　music：サイモンガー

13:カ・ジ・テ・ツ・ダ・イ！（oriental neet mix - original mix）
words：宮崎吐夢　music：河井克夫

14:僕たちの邪馬台国論争
words：宮崎吐夢　music：鳥羽ジャングル

15:今夜で店じまいのテーマ
words：宮崎吐夢　music：鈴木啓司

＊ボーナストラック＊

16～18:Acidda兄弟 Ⅰ、Ⅱ、Ⅲ
～組曲『芦田兄弟』（「南部イマラチヨ追分』『南部茶臼節』『南部乳腺包み込み恋歌』）より～
music：KURO

19:今夜で店じまいのテーマ（カラオケ）
music：鈴木啓司

1:Intro～
今度も店じまいのテーマ

words : 宮崎吐夢　music : 采原史明

2:BLACK UNKO

words : 宮崎吐夢　music : サイモンガー

（対訳）
ある朝……目が覚めると
猛烈な便意に襲われたんだ。
トイレにかけこみ、無事に
ことを済ませた俺が
そこで見たものは……まさに
目を疑わんばかりの
見たこともないような真っ黒い……

BLACK UNKO　BLACK UNKO
BLACK UNKO……

何ガアッタノ？　BLACK UNKO
（Why　BLACK?）
ドコカ悪イノ？　BLACK UNKO
（R　U　OK?）
何ガ起キタノ？　BLACK UNKO
（What's　happened?）
何ハナクトモ　BLACK ……

Anyway!（とにかく）

何故黒イノ？
イツカラ黒イノ？
イツマデ黒イノ？
死ヌマデ黒イノ？

何ヲ食ベタノ？　BLACK UNKO
（What do U have?
Do U have IKASUMI?）
何ヲ食ベテモ　BLACK UNKO
（No way…Do U have IKASUMI?）
イカスミ食ベタノ？　BLACK UNKO
（Do U have IKASUMI?）
食ベテナイノニ　BLACK ……

Anyway!（それはさておいて）

胃ガ悪イノ～？
腸ガ悪イノ～？
ソレトモヒョットシテ、アナタ～
腹黒イノ～？

「バリウム飲めばいいじゃん。
バリウム飲めば白くなるよ、
少しはね」

バリウム飲ンダラ、UNKOデナ～イ!
UNKOカチカチ！
（でも決して諦めはしない）

BLACK UNKO…………They wanna dance!（やつら、踊りたがってるんだ）

マルデカリントウ
Another　カリントウ

Like a　カリントウ
UNKOガカリントウ……Kiss!

additional guitar : 河井克夫
unko adviser : 小松智幸

3 : むしろキューリーはこのアタシ

words : 宮崎吐夢　music : 河井克夫

アタシ、キューリー！
むしろ、キューリー！
本物のキューリー！
ピエール・キューリー！

生涯一、キューリー！
生まれつき、キューリー！
だから、アタシこそ……
本当のキューリー！　オレー！

4 : カ・ジ・テ・ツ・ダ・イ！
（british neet mix）

words : 宮崎吐夢　music : 河井克夫

5:Tingue Bossa Bosa Bossa Nova
（チンゲ・ボッサボサ・ボッサノーヴァ）

words：宮崎吐夢　music：星野源

お前の母ちゃん　苦労人
働き者なのは　いいけれど
身だしなみには　無頓着
いつも　髪の毛　ボッサボサ

ボッサボッサボサ　ボッサボサ
ボッサボッサボサ　ボッサボサ
ボッサボッサボサ　ボッサボサ
ボッサボッサボサ　ノーヴァー

Obrigado（ありがとう）
Como está?（お元気ですか）

お前の姉ちゃん　レースクイーン
年がら年中　くいこみ水着
でも　ヘアのお手入れ　おっくうで
いつも　はみ毛が　ボッサボサ

ボッサボッサボサ　ボッサボサ
ボッサボッサボサ　ボッサボサ
ボッサボッサボサ　ボッサボサ
ボッサボッサボサ　ノーヴァー

Obrigado（ありがとう）

お前の爺ちゃん　死にぞこない
お口は常に　半開き
おまけに焦点　定まらず
いつも　白髪が　ボッサボサ

ボッサボッサボサ　ボッサボサ
ボッサボッサボサ　ボッサボサ
ボッサボッサボサ　ボッサボサ
ボッサボッサボサ　ノーヴァー

Obrigado（ありがとう）

お前の父ちゃん……
お…お前の父ちゃん……
お前の父ちゃんは……
すごくいい父ちゃんだった……
隣近所の俺を
まるで我が子のように……
うちが共働きだったから
「お前、淋しいだろう」って
キャッチボールの
相手してくれたり……
「お前、夕飯食ってけよ」って
呼んでくれたり……
本当、自分の子のように
かわいがってくれて……
そうだ……そうそう、銭湯にも
連れてってくれたっけ……
ああ……
あんなにいい父ちゃんだったのに……
ある日、突然……働き盛りで……
あ、そうそう……
でも、お前の父ちゃん……
銭湯で見たら、やけに剛毛だったから
チン毛が……

ボッサボッサボサ　ボッサボサ
ボッサボッサボサ　ボッサボサ

ボッサボッサボサ　ボッサボサ
ボッサボッサボサ　ノーヴァー

Obrigado（ありがとう）

guitar : 星野源
chorus : 星野源
宮崎吐夢

6:おつりもらってないんです

words : タカヒロ　music : コーちゃん

おつりもらってないんですけど
そのひとことが言えない俺
小心者だから？
違うの
店員さんが無愛想だから？
それも違うの
だって俺、
おつりもらってるんだもの〜

7:セミ・リタイヤのすすめ

words : タカヒロ　music : コーちゃん

デビューしたい！　…でも出来ない！
絶対したい！　　　…でも出来ない！
あれっ、これって…
事実上、セミ・リタイヤ？
俺たちって、ひょっとして
セミ・リタイヤ状態？
嗚呼　セミ・リタイヤのすすめ
セミ・リタイヤのすすめ

仕事欲しい！　　　…仕事ない。
バイトしたい！　　…でも続かない。
あれっ、これって…
事実上、セミ・リタイヤ？
俺たちってひょっとして
セミ・リタイヤ状態？
嗚呼　セミ・リタイヤのすすめ
セミ・リタイヤのすすめ

資格取りたい！　　…でも取れない！
取りたい資格　　　特にない！
これって、ひょっとして
セミ・リタイヤ？
嗚呼　セミ・リタイヤのすすめ

友だち欲しい！　　…でもいない！
彼女欲しい！　　　…でも出来ない！
これって、ひょっとして
セミ・リタイヤ？
嗚呼　セミ・リタイヤのすすめ

旅行したい！　　　…お金ない！
行きたい場所が　　特にない！
これって、ひょっとして
セミ・リタイヤ？
嗚呼　セミ・リタイヤのすすめ

8:ニャンニャン写真

words：タカヒロ　music：コーちゃん

ニャンニャンニャンニャ
ニャンニャニャンニャン
ニャンニャンニャンニャ
ニャンニャニャンニャン

ニャンニャン写真を撮られたの
ニャンニャンしてたら撮られたの
ホテルと車で撮られたの
はっきりくっきり撮られたの

ニャンニャンニャンニャ
ニャンニャニャンニャン
ニャンニャンニャンニャ
ニャンニャニャンニャン

ニャンニャン写真を撒かれたの
広くメディアに撒かれたの
「俺じゃない！　これ俺じゃない！」
でも　誰がどう見ても　俺でした

ニャンニャンニャンニャ
ニャンニャニャンニャン
ニャンニャンニャンニャ
ニャンニャニャンニャン

ニャンニャン写真　ニャンニャン写真
猫じゃないのに　　ニャンニャン写真

「むしろ　アッチの方は　タチなのに」

ニャンニャンニャンニャ
ニャンニャニャンニャン
ニャンニャンニャンニャ
ニャンニャニャンニャン
ニャンニャンニャンニャ
ニャンニャニャンニャン
ニャンニャンニャンニャ
ニャンニャニャンニャン

9:裏日本に生まれて

words：タカヒロ　music：コーちゃん

僕たち　裏日本出身なんて
呼ばれてきたけど
「ご出身は?」「福井です」
「ああ、裏日本ですか」なんて
言われてきたけれど

でも裏日本に住んでいる者ほど
人の心の裏側を見抜けると申します
物事の裏表を見分けられる
と聞いてます

嗚呼　私たちが裏ならば
あなたたちは表なんですか
僕たちが裏日本の人間ならば
あなたがたは表通りを
正々堂々と歩ける人間なのですか

表と裏なんていったい誰が
決めたんですか

誰が人間を二種類に分けたんですか
神様ですか？　仏様ですか？
バース様ですか？
ヨン様ですか？　レオ様ですか？
杉様ですか？
ドナ・サマーですか？
それとも私自身ですか？
あなたですか？　お元気ですか？
最高ですか？　あっちのほうは
どうですか？
じゃ、そっちのほうはどうですか？
こっちのほうはどうですか？
いま何時ですか？
ああ、そうですか
ここから一番近いトイレどこですか？
ああ、わかりました……ちょっと
コーちゃん、あのちょっと待ってて
あの、トイレ行って来るから
てきとーにつないでて………

10:昭和の情熱

words:タカヒロ　music:コーちゃん

情熱　情熱　情熱　昭和の情熱

11:専門学校校歌

words:宮崎吐夢　music:河井克夫

ここで得た知識は
一見実践的なようでいて
実際にはほとんど使いものには
ならないと思うよ

やっぱり大学行った方がよかったね
学歴神話崩壊なんてウソだった
と気付かされる局面は
(これから)多々あると思うよ

でも　人生　人生　死ぬまで　人生
とにかく　いろいろ　頑張って

piano:河井克夫
vocal:宮崎吐夢
河井克夫
小松智幸
錦野匡一

12:TABASCO UNKO

words:宮崎吐夢　music:サイモンガー

(対訳)
人はタバスコを飲みたくなくとも、
飲まなければならない時がある。
人はタバスコを飲む必要にかられなく
とも、飲まなければならない時がある。
タバスコは飲みものではないのに、
飲まなければならない時がある。
それが人生……

TABASCO飲ンダノ
罰ゲームデ飲ンダノ

カライノ超苦手！
デモ我慢シテ飲ンダノ

TABASCO飲ンダノ
新歓コンパデ飲ンダノ
目ツブッテ一気シタノ
デモソノママ吐イタノ～！

And, in the next morning!
（そして翌朝）

TABASCO UNKO　（オ尻、カラーイ！）
TABASCO UNKO　（アヌス、HOT!）

TABASCO飲ンダノ
ウケ狙イデ飲ンダノ
アンナ目ニ遭ッタノニ
ショウコリナク飲ンダノ

TABASCO飲ンダノ
アノ娘ノ気ヲヒコウト
「好キ！」トイウ代ワリニ
デモドン引キサレタノ～！

And, in the next morning!
（やっぱり翌朝）

TABASCO UNKO
（オケツ、カラムーチョ）
TABASCO UNKO
（UNKOガカラクテ、何故ウマイ？）
TABASCO UNKO　（誰カ～！）
TABASCO UNKO　（痛過ギ～！）

（対訳）
タバスコは主食じゃない。
あくまでも調味料なのよ。
人はスパイスだけじゃ、
生きられないの。
それは人生も同じこと……

TABASCO UNKO
（UNKOシタイヨナ、シタクナイヨナ）
TABASCO UNKO
（RED HOT CHILI UNKO!）
TABASCO UNKO
（やつら、踊りたがってるんだ）
TABASCO UNKO

13:カ・ジ・テ・ツ・ダ・イ!
（oriental neet mix - original mix）
words : 宮崎吐夢　music : 河井克夫

家事手伝い　　前田 雪乃（38）
「家事手伝い　家事手伝い　わたくし
もっか　家事手伝い
家事手伝い　家事手伝い　私の職業
家事手伝い」

教育カウンセラー　長谷部 百合枝（52）
「でも手伝わない　でも手伝わない
あなたはまったく　手伝わない」

専業主婦　　前田 オリエ（69）
「ええ 手伝わない　手伝わない
この子は家事は　手伝わない」

「じゃあ 違うじゃない？
違うんじゃない?
それじゃあ　話が
違うんじゃない?」

「違います　ええ　違います　でも
それでも　この子は　家事手伝い」

「手伝って！　ねえ　手伝って！
洗濯物をとりこんで
あと掃除して　自分の部屋くらい
掃除して
とにかく　たまには家事を手伝って」

「出来ません　ムリなんです
この子に　家事は　荷が重い」

「じゃあ　違うわよ　ねえ　違うのよ
家事手伝いじゃないんじゃない!?」

「責めないで　責めないで
この子を　そんなに　責めないで
悪いのは　私です
この子を育てた私です」

「お母さん　お母さん
自分をそんなに　責めないで
……聞いてるの？　ねえ　聞いてるの？
あなたの話をしているの！」

「家事手伝い　家事手伝い
私は花の　家事手伝い
家事手伝い　家事手伝い
人もうらやむ　家事手伝い」

「だから　違うのよ　違うのよ
何を根拠に家事手伝い？
働いて！　仕事して！
手伝わないなら　仕事して！」

「責めないで　責めないで
この子をそんな……責めないで！
言わないで　言わないで
この子にそれは……言わないで！」

「お母さん　お母さん
言わなきゃ　この人　手伝わない」

「わかってます　わかってます
でも　この子にはこの子の道がある。
結婚なんてしなくてもいい
就職なんてしなくてもいい
いつか　いつか　この子が
立派な……立派な……
家事手伝いになってくれる日が来たら
そんな日が……
いつの日か来てくれるのならば……
私は……
私は……心おきなく……」

「家事手伝い　家事手伝い……」

「ちょっと歌わないで、
聞いてちょうだい！
あなたの話をしてるんだからね、
聞いてるの？」

「この子にそんな大きな声を……」

「お母さん、お母さん、
あなたがそうだから、この子は……」

「だから、この子にそんな、
大きな声を……
ナイーブな子だから……
デリケートな子だから……」

「お前なんか、こうしてやる！」

「……んむにゅー」

「ちょっと長谷部さん？　……長谷部
さん、ちょっと……長谷部さん……」

14：僕たちの邪馬台国論争

words：宮崎吐夢　music：鳥羽ジャングル

※
卑弥呼の治めていた邪馬台国って、
どこにあったのかな～？
北九州と大和（今の奈良）、
どっちにあったのかな～？
卑弥呼の治めていた邪馬台国って、
どこにあったのかな～？
北九州と大和（今の奈良）、
どっちにあったのかな～？

それは北九州でしょう
いや～、奈良だと思うな～
ええ？　北九州だよー
いや、奈良なんじゃないかなー？
どう考えても、北九州
奈良じゃない？
北九州じゃないワケがないじゃん
やっぱ奈良だ
奈良、奈良、奈良……

チョット、チョット、アー
門外漢ダケレド、イイデスカ？
アー、北九州デモ……　奈良デモ……
ネッ
「邪馬台国デアルコト」ニハ、

変ワリハナインダシ……

それはまあ……
そりゃ、そうだ

ネ、二人トモ、ソレダケ
邪馬台国ノコトガ
好キッテコトハ、イイ？
「邪馬台国ハ今現在
二人ノ心ノ中ニアル」
トモ言エナクモナインジャナイ？

ああ……
まあ……

「ドコニアッタ?」トカ
ソウイウ瑣末ナ議論ハ
ドウデモイイコトダト思ワナイ？
ダッテ、「邪馬台国ハ今デモ
二人ノ心ノ中ニアル」
ソレデイイジャナイ？

うーん……
でも……

ソレッテ、アレトイッショデショ！
「仕事ト私トドッチガ大事？」
トカ言ウ女
アレ、イヤダヨネー　！

あ〜やだやだ！
最悪！

※　くりかえし

でも、やっぱり、なんやかんや言って
も結局、北九州なんだろうけどね〜
いや、奈良だ
いや、いやそれは、気持ちは
わかるけど
奈良ってことはないと思うな
いや、奈良だ　奈良、奈良
いや、まあ、仮にね
仮に百歩ゆずって奈良だったと
しましょう
で、奈良だったとしてもね……
……いや、仮にでも奈良ってことは
ないか
奈良　奈良　奈良
うんうん、まあ、じゃあ奈良って
センも
奈良ってセンも確かに
アリかナシかで言ったら
アリなんだけど、
でも、北九州か奈良かで言ったら
奈良ってセンはこれ、消えるよね〜
奈良、奈良、奈良、奈良……

ネー……チョットイイ？
アノネー、多分ネー
コウイウコトナンジャナイノカナァ？
ミンナネ、邪馬台国、好キジャナイ？

まあ
うん

デネ、ダトシタラ
「北九州ニアッタ」説ノ人ノ
邪馬台国モ
「奈良ニアッタ」説ノ人ノ邪馬台国モ
ドッチモ「卑弥呼ガ治メテイタコト」
ニハ、
変ワリハナインデショ？

それは、まあ
そうだけど……

ネェ、ソンナ「ドッチノ邪馬台国ガ
優レテイル？」トカ
ソウイウノジャナイデショ？
ダッテ、「邪馬台国ハヒトツ」
ナンダカラー
優劣ナンテ、アルワケナイヨネ～？

まあね
それはそうだ

ホラ！
「邪馬台国ハドコニアッタ？」トカジャ
ナクテサー、
今デモ、ミンナノ
心ノ中ニアルンダカラサァ～！

ああ
そうか～

ダカラ逆ニー、邪馬台国ハ、
「ミンナノ心ノ数ダケアル」
トモ言エルンダヨー

なるほどね
完敗

ソレッテ、アレト一緒ダヨ
「仕事ト私トドッチガ大事？」
トカ言ウ女
アレイヤダヨネー

やだやだ
最悪！

※　くりかえし

discussion：河井克夫
小松智幸

15：今夜で店じまいのテーマ

words：宮崎吐夢　music：鈴木啓司

今夜で店じまい　今夜で店じまい
（Tonight, we will be closed down!）

八方手をつくしたけれど
あらん限りの手は打ったけれど
ベストはつくしてみたけれど
いろいろやってはみたのだけれど

今日でアナタとお別れ
そろそろアナタとお別れ
ついにアナタとお別れ

しばらくアナタとお別れ

今夜で店じまい　今夜で店じまい

悲しいけれど　淋しいけれど
口惜しいけれど　空しいけれど
こればっかりは、しょうがないの
こればっかりは、どうしようもないの
こればっかりは……

今夜で店じまい
でも、またどこかで逢いましょうよ
きっとどこかで逢いましょうよ……
きっと……

今夜で店じまい

でも、いつかどこかで逢いましょうよ
必ずどこかで…逢いましょうよ……

だから、アナタも生きぬいて
だから、アナタも生きぬいて
だから、アナタも生きぬいて
だから、アナタも生きぬいて

「いつまでも　あると思うな　親と店」

普段は見向きもしなかったくせに
振り向いてさえくれなかったくせに
終わるとなると手のひら返して
別れを惜しんでくれるのね
つらくなるけどお別れ
やはり今夜でお別れ

今日でアナタとお別れ
とうとうアナタとお別れ

今夜で店じまい　今夜で店じまい

泣きたいけれど　はがゆいけれど
名残惜しいけれど　残念だけれど
こればっかりは、しょうがないの
決まったことだから……
変えられないの
こればっかりは……
こればっかりは……

今夜で店じまい

でも　また逢えるといいですね
どこかで逢えるといいですね
きっと……

今夜で店じまい

でも、再び逢えるといいですね
いつか逢えるといいですね
だから、アナタも生きぬいて
むしろ、アナタが生きぬいて
いっそ、アナタが生きぬいて
とにかく、アナタも生きぬいて

今夜で店じまい……

chorus：eiko
河井克夫

鈴木啓司
鳥羽ジャングル
錦野匡一

＊ボーナストラック＊

16～18：Acidda兄弟 Ⅰ、Ⅱ、Ⅲ

～組曲『芦田兄弟』（『南部イマラチヨ追分』『南部茶臼節』『南部乳腺包み込み恋歌』）より～

music：KURO
voice：宮崎吐夢＋河井克夫

19：今夜で店じまいのテーマ

（カラオケ）

music：鈴木啓司

作って遊ぼう！
店じまいジオラマ！！

- ● ――――― 線：切り取る
- ● - - - - - - 線：谷に折る
- ● ✳印：のりしろ

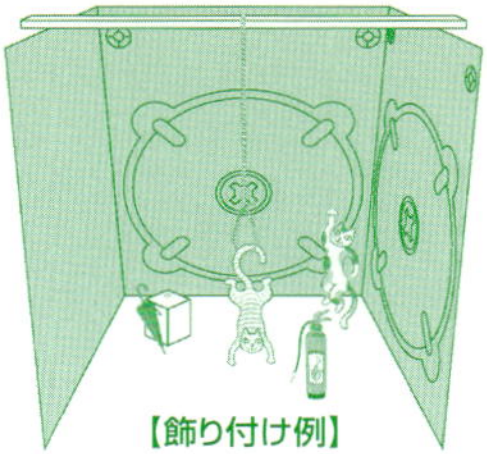
【飾り付け例】

●各部品を実線に沿って切り抜いちゃえ！
●石油缶、マッチ箱を組み立てちゃえ！
●消火器の裏の★印と◎印のところに、消火器立ての★印と◎印を合わせて糊で貼って、消火器を立たせちゃえ！
●DVDとCDが入っているケースを右上の【飾り付け例】のように立たせて、上に割り箸などの棒を渡しちゃえ！
●棒に首吊り縄を巻きつけて、セロテープなどで固定しちゃえ！

完成したら自分の代わりに、好きなアイテムをどんどん縄に吊るして、
とにかくつらくても早まらないで、平均寿命まで生きながらえちゃえ！

作って遊ぼう！
店じまいジオラマ!!

『今度も店じまい』のDVD&CDケースが楽しいジオラマになっちゃうぞ！　店じまいして早まるその前に、切って、組み立てて、自分の代わりに吊るして遊んで、この世の憂さを晴らしちゃえ！

宮崎吐夢のDVD-BOOK第1弾！

『今夜で店じまい』

絶賛発売中！

価格：2940円（税込）
ISBN4-06-364580-0

■オリジナル・コレクションDVD！

「カルロス」「決勝」「ストリートミュージシャン」「はつゆき」……。

インターネットで大反響を呼んだ宮崎吐夢+河井克夫によるオリジナル・コント集に「カウパー＆バルトリン」、「今夜で店じまいのテーマ」（完全版PV）他、Web未公開作品も収録した、合計30本のフルボリューム・コンプリート・パッケージ！

コント30連発DVD（29本+1曲）＋特製ブックレット

＜DVD収録作品＞

バーにて／ロックは死なない／春の風物詩／ストリートミュージシャン／FMスタジオ／ショービジネス／白衣の天使／父兄参観／手タレの一生／ストリートミュージシャン2／決勝／舟唄／カルロス／イワンのバカ／商談／ヤリマン／泣かせて…／前向き／エリーゼのために／雨女／コンブの風味のする女／降霊／究極の選択／ステージママ／「パイパンだもの」／ストリートミュージシャン3／カウパー＆バルトリン／はつゆき／冬の土下座／「今夜で店じまいのテーマ」（完全版PV）

■豪華ゲスト陣による特製ブックレットつき！

巻頭特別マンガ　**宮崎吐夢くんとの出会い◎しりあがり寿**（漫画家）
ソックリ（？）有名人対談　**「僕たちって似てますかねぇ～？」◎大森南朋**（俳優）**×宮崎吐夢**
天久聖一の「今夜で店じまい」◎天久聖一（漫画家）
緊急特別インタビュー　中小企業診断士に訊く
『店じまい』する店・しない店◎伊村睦男（中小企業診断士）
短編小説　**「ラスト・ワルツ」◎安田謙一**（ロック漫筆家）
緊急特別対談　占星術研究家・鏡リュウジ氏をお迎えして
「このDVDって正味の話、売れますか？」◎鏡リュウジ（占星術研究家）**×宮崎吐夢**
宮崎くんと私――真紀のひとりごと――◎篠崎真紀（イラストレーター・ライター）
作品解説　**最先端というよりオーソドックスな革新性◎高橋洋二**（放送作家）

《DVD-Video注意事項》

◎DVD-Videoとは、映像と音声を高密度に記録したディスクです。
DVD-Video対応プレーヤーで再生してください。一部のPCやゲーム機等では再生できない場合があります。また、PCやゲーム機等で使用されているプレーヤーの仕様・設定によっては、正常に動作しない場合があります。
◎このディスクは特定の国や地域でのみ再生できるように作成されています。したがって販売対象として表示されている国や地域以外で使用することはできません。
◎各種機能についての操作方法はお手持ちのプレーヤーの取扱説明書をご覧ください。
◎このタイトルは、4：3画面サイズで収録されています。
◎このディスクは家庭内鑑賞にのみご使用ください。このディスクに収録されているものの一部でも無断で複製（異なるテレビジョン方式を含む）・改変・転売・転貸・上映・放送（有線・無線）することは厳に禁止されており、違反した場合、民事上の制裁及び刑事罰の対象となることもあります。

《取扱上のご注意》

◎ディスクは両面とも、指紋、汚れ、傷などをつけないように取り扱ってください。
また、ディスクに対して大きな負荷がかかると微小な反りが生じ、データの読み取りに支障をきたす場合もありますのでご注意ください。
◎ディスクが汚れたときは、メガネふきのような柔らかい布を軽く水で湿らせ、内側から外側に向かって放射状に軽くふき取ってください。レコード用クリーナーや溶剤等は使用しないでください。
◎ディスクは両面とも、鉛筆、ボールペン、油性ペン等で文字や絵を書いたり、シール等を貼付しないでください。
◎ひび割れや変形、または接着剤等で補修されたディスクは危険ですから絶対に使用しないでください。
また、静電気防止剤やスプレー等の使用は、ひび割れの原因となることがあります。

《保管上のご注意》

◎使用後は、必ずプレーヤーから取り出し、DVD-BOOK専用ケースに収めて、直射日光の当たる所や自動車の中など、高温、多湿の場所は避けて保管してください。

《視聴の際のご注意》

◎明るい部屋で、なるべくテレビ画面より離れてご覧ください。長時間続けての視聴を避け、適度に休憩をとってください。

92min.	片面一層	COLOR	MPEG2	複製不能

4:3　2　NTSC 日本市場向け　DOLBY DIGITAL

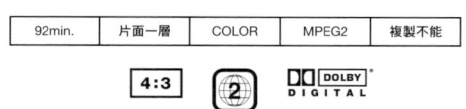

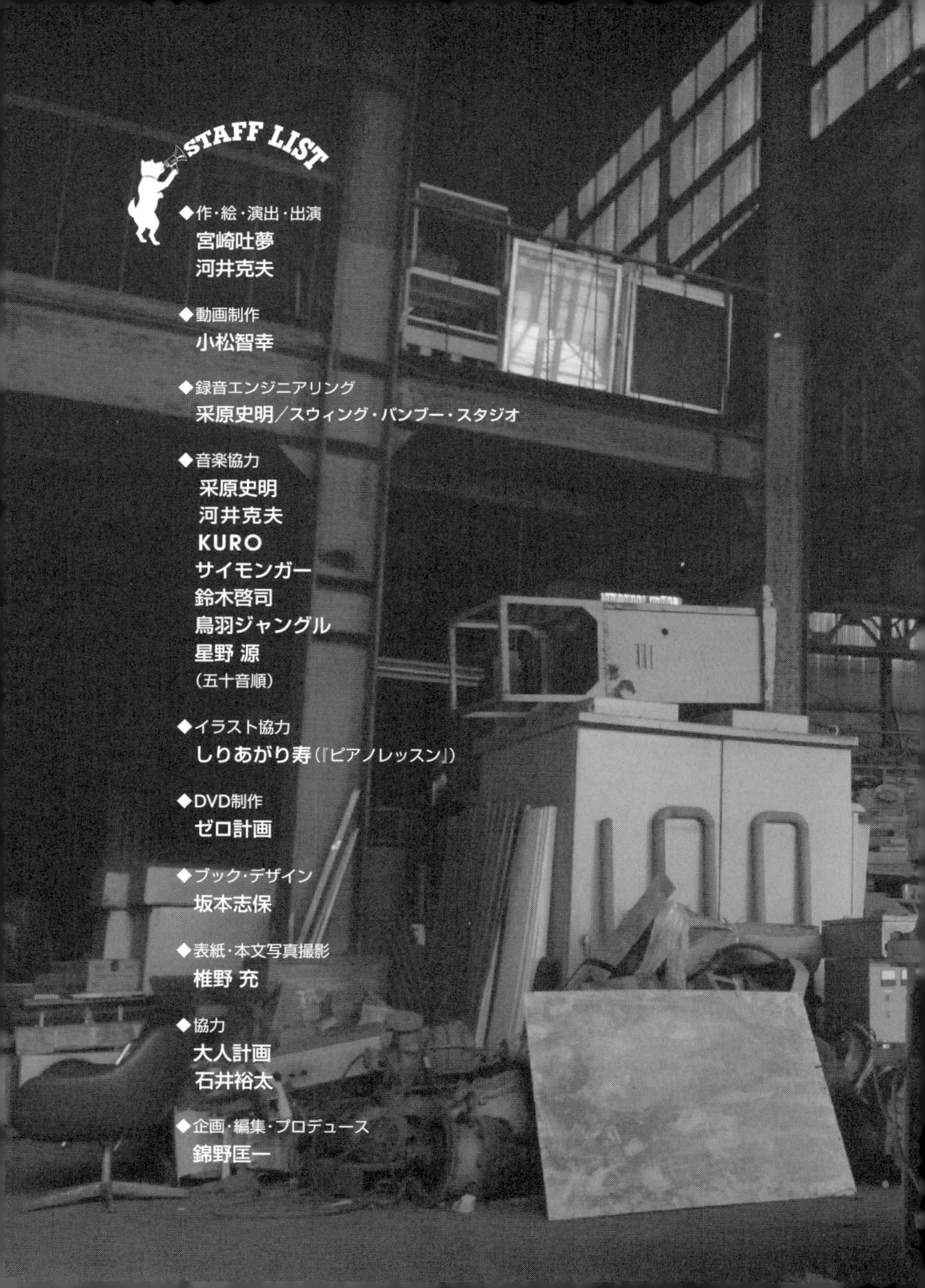

STAFF LIST

◆作・絵・演出・出演
宮崎吐夢
河井克夫

◆動画制作
小松智幸

◆録音エンジニアリング
采原史明／スウィング・バンブー・スタジオ

◆音楽協力
采原史明
河井克夫
KURO
サイモンガー
鈴木啓司
鳥羽ジャングル
星野 源
（五十音順）

◆イラスト協力
しりあがり寿（『ピアノレッスン』）

◆DVD制作
ゼロ計画

◆ブック・デザイン
坂本志保

◆表紙・本文写真撮影
椎野 充

◆協力
大人計画
石井裕太

◆企画・編集・プロデュース
錦野匡一

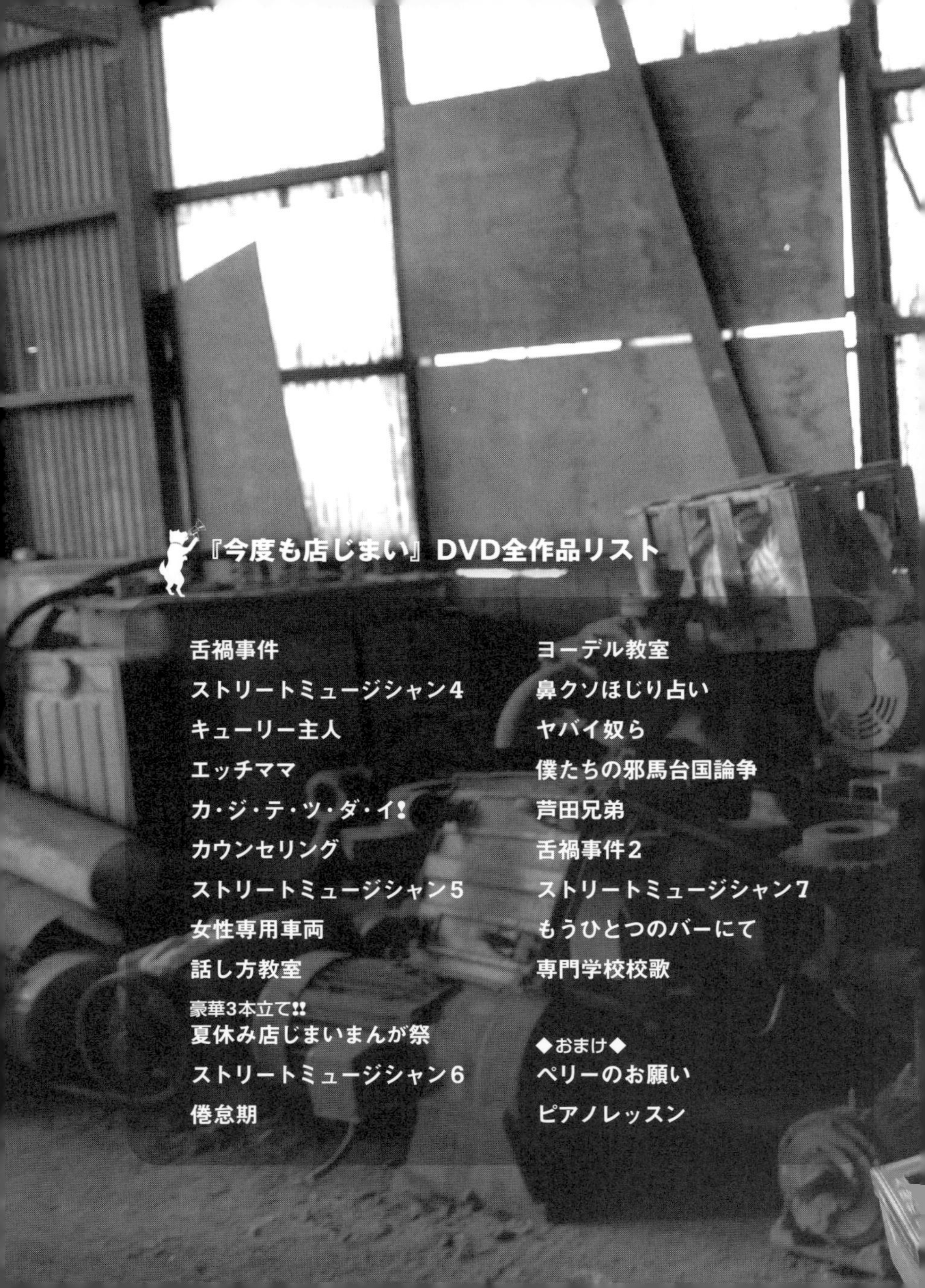

『今度も店じまい』DVD全作品リスト

舌禍事件

ストリートミュージシャン4

キューリー主人

エッチママ

カ・ジ・テ・ツ・ダ・イ！

カウンセリング

ストリートミュージシャン5

女性専用車両

話し方教室

豪華3本立て!!

夏休み店じまいまんが祭

ストリートミュージシャン6

倦怠期

ヨーデル教室

鼻クソほじり占い

ヤバイ奴ら

僕たちの邪馬台国論争

芦田兄弟

舌禍事件2

ストリートミュージシャン7

もうひとつのバーにて

専門学校校歌

◆おまけ◆

ペリーのお願い

ピアノレッスン

今度も店じまい

今夜で店じまい
2nd
SEASON

宮崎吐夢

『今度も店じまい』ブックレット　目次

CONTENTS

緊急特別
リスペクト対談

清水ミチコ×宮崎吐夢

**「お逢いできて本当に感無量です。
今日が人生のピークでした。
あとはもう余生です」**

DVD発売を記念して、ブックレット誌上で特別対談をおこなおうと、宮崎さんに「今、誰に会いたいですか」を尋ねたところ、「清水ミチコさん」という答えが返ってきました。なんでも宮崎さんは清水ミチコさんの大ファンで10年以上前からライブに足しげく通っていたそう。実は清水さんも清水さんで、前作の『今夜で店じまい』やCDなどをすでに鑑賞していて、かなりの好印象をもっているという噂も入手済み。憧れの人を前にいつになく舞い上がっている宮崎さんと、それを大人の余裕で巧みにいなす清水ミチコさんとの会話の妙をお楽しみください。

宮崎　あらためまして、宮崎吐夢と申します。

清水　どうも。よろしく（ニコッ）。

宮崎　読んでいただいている方々のためにご説明しますと、実は待ち合わせのホテルのロビーに、予定時刻の30分以上前に私は着いてしまって、そうしましたら清水さんもかなり早めに到着されていて、担当編集者が来るのを待っている間に、もうすでに一通りのご挨拶は済ませてはいるのです。

清水　コート着てスーツケースを持った人からいきなり声かけられたもんだから、ビックリしたわよ。思わず「アナタ、旅人？」って聞いちゃった（笑）。

宮崎　ええ。私も思わず「いえ、旅人ではないです」と普通に答えてしまいました。いやいや、それにしても本日はお忙しいところをお呼びたてしてまことに申し訳ありません。今回はこのDVD-BOOK『今夜で店じまい』の第2弾、『今度も店じまい』が発売されるということで、かねてからお慕い申し上げておりました清水ミチコさんに、ぜひとも何か素敵なお言葉をいただけたらと思いまして。

清水　ああ、そう。実は申し訳ないんだけど、送っていただいたサンプルのDVDの方の作品は時間がなくて、途中までしか見れてないのよ。CDは全部聴かせていただ

いたんだけど。

宮崎　ああ、全然いいです。DVDのデッキもあるので、もし必要だったらこの場で見ていただくことも可能ですし。

清水　そうですね。帯コメントはまた後日、全部見させていただいたうえで書きますね。

宮崎　おそれいります。

清水　CD、すごくカッコよかったですよ。今回も軽快なシモネタが盛りだくさんで（笑）。

宮崎　ありがとうございます。僕の曲ってだいたい半分くらいがシモネタなので、そこでまず引かれてしまう事も多いのですが、清水さんはシモネタに関しては大丈夫といいますか、かなりお得意なイメージを勝手に抱いておりました。

清水　いや、得意ではないし、特に好きというわけでもないんだけどね（笑）。うんまあ、あなたのみたいな軽快な音楽に乗っているシモネタは好きかも。

宮崎　清水さん、以前、月刊『宝島』で**マン拓**＊①を撮られてましたよね。

清水　ハハハハハ！　あたし、シモネタ大好きじゃん！　あ、言っとくけど、（録音マイクに向かって）あたしが自分でとったんじゃないからね（笑）。雑誌でSM嬢の方を官能的に撮影するという企画に、私がギョーザ案を盛り込んだん

＊①**マン拓**……魚拓の要領で女性の局部に墨を塗って半紙につける風流な遊び。

だから。

宮崎　ビックリしちゃいました（笑）。やるなあって。

清水　ハハハハハ！　でも、よくご存知ですね。さっき伺ったら、かなり昔から私のライブにも来てくださっていたそうで。

宮崎　はい。ジァンジァンのライブには、何十回となく通わせていただきました。清水さんの私物の電光掲示板が導入される遥か以前から。

清水　うわ～、本当にマニアックね～。

宮崎　ですから、今日は尋常じゃないくらいに緊張してるんですよ。

清水　カワイソウ（笑）。

宮崎　もう緊張しすぎて、質問を箇条書きにしたメモをまるごと家に忘れてきてしまったくらいですから。

清水　おい、ダメじゃん（笑）！　だから緊張してる人って困るのよー。

宮崎　本当にねえ。

清水　もう、しっかりしてよ。よろしく頼むよ、本当に。

宮崎　そうですね。でも大丈夫です。一応、今日の対談の流れを自分の中でシミュレーションしてみた原稿があるんで（レポート用紙に目を落として）。

清水　どれどれ、見して、見して（紙を覗き込み）。ハハハハ（爆笑）！　わざわざ「宮崎吐夢と申します。本日はよろしくお願いします」って書いてある（笑）。

宮崎　緊張して、ご挨拶の言葉すら忘れてしまいそうだったもので（笑）。

清水　こういうこと書く時点で、すごくダメそうな人っぽい感じしてイイですよね～（笑）。

宮崎　よくぞ、お見通しで。

清水　でもね、実は私も同じようなことが一週間前にあって、ラジオのゲストに矢野顕子さんがいらっしゃったもんだからめちゃくちゃ緊張したのよ。

宮崎　拝聴いたしましたが、とてもリラックスされていたじゃないですか。

清水　いやいや、もう必死よ。

宮崎　その、矢野さんがいらした先週の**ビバリ**＊②**ー**で清水さんが番組中に、「私はイエス玉川に舞台上で怒られたことがある」って仰ってましたよね。

清水　うんうん。

宮崎　実は僕、その舞台も観てるんですよ。

清水　え〜！

宮崎　滝本（淳助）さん（カメラマン）や西条（昇）さん（演芸評論家）と一緒に出演されたやつですよね。

清水　そうそう。

宮崎　あれ、正確に言うと直接、怒られたのは清水さんたちじゃなくて、我々観客ですよね。

清水　そうだそうだ（思い出して）。

宮崎　「お前ら、観客としてなっちゃいない！」って。あの日、清水さんたちは、ネタじゃなくてトークショーをやったんですが。

清水　そう。

宮崎　それ以外に若手芸人がネタやったり、元気いいぞうさん（カルト芸人）が不思議な歌をうたったり。そうしたら、そのあと出てきたイエス玉川っていうベテラン芸人が舞台に現れるなり開口一番、「今まで登場したやつらは芸人でもなんでもねえ！　お前ら、あんなのどこが面白いんだ！」とか言い出して。

清水　ビックリしたよねー。一気に場がシューンとなっちゃって。袖でものすごい落ち込んだよー（笑）。だってあの人、ただでさえ牧師の格好してるんだし、わざわざ〝イエス〟って名乗ってるくらいだから、さぞやあたたかいお言葉をいただけるのかと思ったら。

宮崎　「お前ら、みんな死んじまえ！」みたいな芸風で。

清水　芸風っていうか、それ以前の問題だよね。

宮崎　しかも、それで潔くそのまま帰るならまだしも、「せっかくだから」とか言って、よくわかんない詩吟だか浪曲だかを一節《ひとふし》、唸《うな》りだして、客がうんざりしてるのに、前の方の客に「ハイー、ハイッ！」とかの合いの手を要求して、み

＊②ニッポン放送『高田文夫のラジオビバリー昼ズ』
11:30〜13:00　木曜日は清水ミチコさんがレギュラー。

んなやらないと「これだから、お前らはダメなんだ！」って、ダメなのはどう考えてもお前の方だろ（笑）。

清水　あんなつらかったことないよ。そうでしたか、あんなかわいそうな被害者の会に参列してらっしゃったんですか。

宮崎　あの日、若手芸人のまちゃまちゃが、今とはまったく違うカワイコキャラみたいので出演してたの覚えてます？

清水　ウッソー。へー全然、知らなかった。じゃあ、あっちは私のこと覚えてるのかな。

宮崎　そりゃあ、覚えてるんじゃないですか。あと**筒井康隆断筆祭**[*③]に出演されたのも拝見してます。清水さん、登場してすぐ、「こんなに出演者が多くてセットチェンジも頻繁だとステージ転換が多くてたいへんですね～、あ～、ごめんなさーい！〝てんかん〟って言っちゃった～」と仰ってたのが、「カッコいいー！」って思いました。小林よしのりにはマンガで叩かれてましたが（笑）。

＊③筒井康隆断筆祭……言葉狩りの風潮に抗議して断筆した作家の筒井康隆氏を応援するため、ゆかりのあるジャズミュージシャンや文化人たちが集まって盛大に中野サンプラザでおこなわれたイベント。清水さんや原田芳雄氏にまじって何故か、日系スタンダップコメディアンのTAMAYOも出演していた。

＊④魔法使いサリン……オウム事件の前年に『魔法使いサリー』のメロディに合わせて、「サリン」の歌を歌唱。

清水　あれはうちの旦那にも反対されたのよ～。「お前、それだけはやめておけ」って。

宮崎　いやあ、英断ですよ。清水さんはご自分のライブですと〝**魔法使いサリン**[*④]〟の歌をうたわれたり、かなりアナーキーですよね。

清水　あなたの歌ほどじゃないわよ（笑）。私も今回、ソニーでＣＤを出すことになったら固有名詞とか言い回しとか、けっこう厳しく制限されたんだけど、宮崎さんはよくここまで好き勝手なこと出来るわね。やりたい放題なの？　それとも、やっぱりこれはダメとか言われたりするの？

宮崎　やはり多少はあります。今回のＤＶＤでも『告白』っていう、ジェンキンスさんがボソボソと独白するネタをつくったんですが、いきなりボツをくらいまして。

清水　そりゃあ、ダメだよ（笑）。タラップでキスするアレでしょ。そんなの、私だってできないわー（笑）。

宮崎　**ミディ**[*⑤]だったら、かなり好き勝手できた

んですけどね。

清水　あそこは社長の大蔵さんが、「やりたいことはどんどんやりなさい」って人だからね。

宮崎　よく清水さんが「デビューアルバムをどこから出そうか決めるとき、〝ぜひ矢野顕子さんの所属していたミディから〟と思ったら、逃げるように矢野さんはソニーに移籍した。それで13年ぶりにアルバムをつくるとなって、〝今度はソニーだ！〟と思ったら、また逃げるように矢野さんはヤマハに移籍した」と仰いますが、僕もまったく同じことを清水さんに思いましたよ、「今度はソニーから出してやる！」って。

清水　あら、そうだったの。悪かったわねぇ。それはそうと、宮崎さんってライブもやるの？　こういう曲を人前で歌ったり。

宮崎　たまにします。DJとドラムだけ（たまにベースかボンゴ）っていう編成のバンドとかですが。

清水　いいねえー（笑）。見てみたいねー。お客さんはどういう層が多いの？

＊⑤ミディ……　宮崎吐夢の1stアルバム『宮崎吐夢記念館』をリリースした会社。以前、清水ミチコさんもここからアルバム『幸せの骨頂』『幸せのこだま』『ミス・ヴォイセス』などをリリース。

宮崎　女性ばっかです。

清水　え、本当に？　あんなシモネタなのに？　意外～。でも、よかったねえ。

宮崎　何故か妙にキレイな人が多いらしいんですよ。

清水　本当かぁ～（笑）？

宮崎　僕はステージ上だから、よく見えないんですけど、客席にいるうちのスタッフや劇団仲間が、いつも不思議だ不思議だって言います。清水さんのライブにくる客層も、男性客は私もふくめてむさっくるしいのとかわけわかんないのとかいますが、女性のお客さんはキレイで知的な方が多いですよね。

清水　ああそうかな。

宮崎　あ、客席といえば清水さんのこと、矢野顕子さんのライブの客席でもよくお見かけします。

清水　あ、矢野さんのことも好きなの？

宮崎　はい。

清水　でも、よく私みたいな地味な人間を見分

けられるね。

宮崎　そりゃ、わかりますよ。まわりの客もたぶん気づいてますよ。「あ～、やっぱり来るんだー。そりゃあそうか（笑）」みたいな顔してます。

清水　ハハハハ。

宮崎　ジャンジャンの矢野さんのライブで客席に清水さんを見かけたら、その隣の男性客が陶酔しているのか、本番中にやたら首をグルグル回す客で、そしたらその次の清水さんのライブで早速「迷惑だった」と話してたことがあって。

清水　あ～!!　いたいた、グルグル首を回す客。え～、よく覚えてるね～。へ～、そうでしたか。そうやって、ずっと私のことを見守り続けてくださってたんですね、足長おじさんとして。

宮崎　はい。見守らせていただいてました。キモくないですか（笑）？

清水　いえいえ、ありがたいことですよ、本当に。でも今日はそうやって私のことばっかり話してもしょうがないんで、宮崎さんのＤＶＤについてもお話ししなくちゃね。あちらに座ってる編集者もきっとお困りでしょうから……（前作のパッケージの帯にある野沢直子さんの推薦コメントを見て）直子ちゃんとは面識あるんだっけ？

宮崎　一度ご挨拶をさせていただいた程度です。僕、野沢さんに関しては、渡米されてからの活動で本格的にファンになったんですよ。

清水　バンドの？

宮崎　最初に見たのは、日本にいったん帰ってきてボブさんのお仲間たちと一緒に法政大学ホールでやられてたお芝居です。

清水　あ、あったね。あいにく行けなかったけど。

宮崎　全編英語で、でもやってることは信じられないくらい幼稚なシモネタ（笑）っていうのがものすごく格好よくてシビレました。で、そのあとアメリカで結成された「THE CHIMPANZEES」というパンクバンドの1stアルバムを入手しまして、外国で活動してるバンドなのにアルバムタイトルが『EL CHIMPO GRANDE』（エル チンポ グランデ）なんですよ。

外人に「チンポ」と言っても伝わらないだろうというところが無駄にパンクで、本当に格好いい。影響されてのちに、『mini mini chimpo』（CD『**宮崎吐夢記念館**』収録）っていう曲をつくってしまったくらいで。

清水　ああ、はいはい。『mini mini chimpo』ね（笑）。あれ、「es」をつけるべきだね。複数だから。

宮崎　おお、なるほど。ま、とにかくですね、前作の帯コメントを野沢さんにお願いしようと思ったのも、野沢さんなら僕の作品はすごく共感もしくは賛同を得られやすいんじゃないかと思ったのです。

清水　確かに、あい通ずるものはあるかも。

宮崎　もちろん清水さんにも聴いていただきたいと思ったのですが、なんとなく、清水さんは音楽的な素養もおありだから、「スキル（技術）がないものは認めないわ」っていう方なのかと思って、お送りするのを躊躇していたところもあるんです。

CD『宮崎吐夢記念館』
（発売元：ミディ）
2004年6月23日発売

清水　いや、全然そんなことない（キッパリ）。絶対にそんなことないですよ。むしろ起爆力が大きい人が好きです。直子ちゃんとかも憧れるし、エガちゃんとかね（笑）。

宮崎　なるほど。あ、そうそう、『mini mini chimpo』といえば、野沢さんの出演されていた『おさむショー』の楽屋で、すっごくミニミニなチンポ見せてもらいませんでした？

清水　あ、見た見た！　見せてもらった。

宮崎　（録音マイクに向かって）一応ご説明しますとですね、２００５年の夏におこなわれた放送作家の鈴木おさむさん作・演出の舞台に野沢直子さんがゲストで出演したのですけど、終わって楽屋に挨拶に行ったら野沢さんが「すっごく小さいオチンチン見たくな～い」って言って、若い男性を呼んだんですよね。

清水　そう、で呼ばれたそのスタッフの男の子も、ものすごく無邪気にペロンって感じでズボンを下げたら、もう

（高性能小型マイクをつまんで）、こんなしかないのよね。

宮崎　触っちゃダメですよ、マイク（笑）。あの方、スタッフじゃなくて、ポンポコンさんっていう芸人さんらしいです。

清水　ああ、そうなんだ。どうりで見せ方が堂々としていたわけね。

宮崎　見事ですよ。あれだけで、食っていけますよ。

清水　いけるか！　捕まるわ（笑）。

宮崎　ええ。

清水　でも、あれらしいよ。そんな〝ミニミニ〟とか〝エルグランデ〟とかがギャグのネタになるのって日本だけらしいよ。外国じゃ別に大きさがどうのこうのなんて、それほどはギャグになんないって聞いたことある。

宮崎　確かに問題視されないってのはそうかもしれないですね。昔『シャイン』って映画でアカデミー賞をとったジェフリー・ラッシュという俳優さんが、そのあとにマルキ・ド・サドに扮した『クイルズ』って映画があったんですけど、発狂した彼が獄中で、全裸で壁に自分のウンコで小説を書くというシーンがあって、局部もモロに映ってるんですけど、これが外人なのに包茎ですごく小さいんですよ、「オスカー俳優がこんなの見せてもいいの？」ってくらい。

清水　へえ。

宮崎　日本だったら、そのことがスキャンダルになると思うんですけど、海外ではまったくそのことで騒がれた様子はないんですよ。

清水　当たり前じゃん、そんなの（笑）。

宮崎　ブルース・ウィリスやケビン・ベーコンもよく全裸になりますけど、彼らは立派なもんですよ、さすがに。
清水　ああ、ベーコンのは。
宮崎　ええ、ベーコンでしたよ。
清水　同じシモネタでも、ウンコとかオシッコとかそういうのは世界共通で、子供とかも大喜びだけどね。今回のあなたのCDにもイキのいいウンコネタが入ってたね。
宮崎　ありがとうございます。清水さんのCDにも、『うんこ』って曲、あったじゃないですか。
清水　あれをシモネタとは呼ばないでね。一応谷川俊太郎さんの作詞なんだから（笑）。
宮崎　ええ。あれ……何の話でしたっけ？　あ、そうだそうだ。それで、とにかく清水さんに作品をお送りしたかったんですね。で、聞いたら、ほかのミュージシャンや作家さんでも、デビュー作を自分が尊敬していたアーティスト、たとえば横尾忠則さんとかに「自分はあなたに影響をうけて、この作品をつくりました」という風に、面識がなくてもお送りするのはよくあることらしいんですね。
清水　ああ、そうだね。するかもね。
宮崎　そういうわけで、清水さんにCDやDVDをお送りしたものかどうしようか迷ってるときに偶然、放送作家の[*⑥]**松岡昇さん**にお会いしたんですよ。
清水　ああ、そうか。え？　松岡さんとは何つながり？
宮崎　雑誌『笑芸人』の取材でした。
清水　いい人だったでしょ？

***⑥松岡昇さん**……『高田文夫のビバリー昼ズ』ほか、清水ミチコさんのラジオ番組の構成もよく手掛ける。

宮崎　すごく。ラジオで聴いていたエピソードやナレーション原稿の雰囲気から勝手に、もっと〝おっちょこちょい〟な方をイメージしてましたら、たいへんに落ち着いた紳士的な方なので意外でした。

清水　それを言うなら、宮崎さんこそ作品からはすごく〝おっちょこちょい〟な人を想像したわよ。会って紳士的なんで意外だった。声聞いたら、すぐ吐夢さんってわかったけど。

宮崎　光栄のいたりです。それでですね、松岡さんに「ぜひ、清水さんにお渡しください」と託しまして。でも聴いていただいて、不快に思われたらどうしようって心配にもなってきまして。そうしましたらそれから半年後、清水さんのCD『**歌のアルバム**』のアレンジに参加された蓮実重臣さん、僕、知り合いなんですけど。

清水　おお、蓮実さん。

宮崎　蓮実さんから「清水ミチコさんが『宮崎吐夢記念館』聴いて、いいよね〜、ああいうのやりたいよね〜って言ってたよ」と伺いまして、たいへんに感激しました。あー、地道にコツコツ生きてると神様がプレゼントをくれるんだなって。

CD『歌のアルバム』
（発売元：ソニーミュージック）

清水　オーバーな（笑）。

宮崎　ただ、蓮実さんも僕のCDに参加してくれてましたし、「その場限りのリップサービスかも」という不安もありました。それからまた半年して、清水さんが出演されたドラマ『タイガー＆ドラゴン』の打ち上げがあったそうで、そこで共演させていただいたうちの阿部サダヲとか猫背椿とかから「清水ミチコさんが宮崎吐夢によろしくって言ってたよ」と別々に聞きました。あ、気にかけてくれてるんだと思って。「我が人生悔いなし。もう死んでもいいや」とすら思ったんですよ。

清水　さっきからキミ、大げさだよ（笑）。そう遠い存在でもないでしょうに。

宮崎　いえいえ、畏れ多い。でも、たとえそんなこと言われたからといって、清水さんのライ

ブや営業か何かにのこのこおじゃまして「どうも、宮崎です」みたいに会いに行くのは、絶対イヤだったんですね。そうじゃなくて、たとえばお仕事か何かで偶然ご一緒したみたいな自然な形で本当はお会いしたかったんですね。運命的な出会いみたいに。

清水　めんどくさ（苦笑）。

宮崎　ただですね、待てど暮らせど、そういうチャンスが来なくて。それで、「今回の対談の機会を逃したら、お会いするチャンスはないかな?」と思いまして。自分としては正直、「もう我慢ならん!」って感じだったんです。

清水　ああそうだったの。

宮崎　でも、ここから更に用心に用心に用心を重ねまして、清水さんの単行本『**私の10年日記**』の帯コメントをうちの宮藤官九郎が書くと聞いて、「今だ!」と思って。

清水　ああ、そうか!　そうそう、「コメントOKです」って返事もらった翌日に、この対談の依頼があったのよ。偶然にしてはタイミングがよすぎるなと思ったのよ。やっぱり計算ずくだったのね〜。やり方、汚いわねー（笑）!

宮崎　宮藤さんに相談したんですよ。そしたら、しばらくして「清水さんに本の帯コメント頼まれたよ。だから、このあいだの話、お願いするとしたらいいタイミングなんじゃないか」って連絡があって。

清水　いや、そんなのなくても全然やるけどー、でも断りづらいわ（笑）!　よくも真綿で首を絞めるようなマネを。

宮崎　もう慎重に慎重に、外堀を3重にも埋めていく緻密なプロジェクトでした。

清水　あはは、おかしい。重く考えすぎだよー（笑）。

宮崎◎「清水さんは文章でもすごく芸が細かくて唸ります。昔『週刊文春』のシネマチャートをされてた時のコメントで、ウォン・カーウェイ監督の映画に"現代的若者躍動　王監督上手　好印象"とか40字全部漢字で書いたり、『グース』という子供向け映画には"とりがみんなではばたいてゆくところがきれいでした。かぞくがなかよくなってよかったです"と全部ひらがなで書いたり。この本もちょっとしたエピソードにいちいちちゃんとオチがついてるところが凄いと思いました」

私の10年日記
清水ミチコ
「泣いた! 笑った! 感動はしなかった!」
by 宮藤官九郎（脚本家、構成作家、俳優）
TV Bros.で連載中の「私のテレビ日記」を10年分収録!

『私の10年日記』（発行：幻冬社コミックス）
『TV Bros.』連載コラムを10年分まとめて収録。

宮崎　ファン心理とは、得てしてそういうものです。

清水　宮崎さんってひとりっこでしょ。

宮崎　わかりますか。

清水　やっぱりな〜。出身はどこ？

宮崎　東京です。

清水　そんな感じする。子供の頃は、どういうお笑いが好きだったの？　世代的にはドリフではないよね。ひょうきん族とか？

宮崎　『お笑いスタ誕』が好きでしたね。ミスター梅介とか怪物ランドとか、あんまりメジャー感のない笑いが子供の頃から好きでした。

清水　生意気な子ね〜（笑）。

宮崎　あ、『**ビックリハウス**』＊⑦も大好きでしたよ。

清水　あら、本当。

宮崎　中3の秋に、突然廃刊した時は、僕の中で何かが終わった気になりましたよ。最終号の表紙にあった〝いつまでも　あると思うな　親と本〟っていうキャッチコピーはずっと心に残ってて、『今夜で店じまいのテーマ』でも〝いつまでも　あると思うな　親と店〟という具合にインスパイアーさせていただきました。

清水　音楽って、インスパイアーとかリスペクトとか言えば済むからズルいよね。じゃあ『スネークマンショー』とかは？

宮崎　ああ、音楽はすごくいいと思いましたが、コントの部分はまったくピンときませんでした。小林克也さんは好きでしたが。

清水　ラジオには行かなかったの？　たけしさんのオールナイトとか。

宮崎　AMよりFMをよく聴いてました。『サウンド・ストリート』とか、ピーター・バラカンさ

＊⑦『**ビックリハウス**』……1980年代を代表するパロディ雑誌。素人時代の清水ミチコさんや大槻ケンヂ氏、渡辺いっけい氏らが愛読、投稿していたことでも有名。

んの大ファンだったんです。

清水　じゃあ、宮崎さんの志向はお笑いよりも音楽だったんだね。

宮崎　音楽を紹介する仕事につきたいと思ったことはありますが、お笑いをめざそうとは、考えたことすらなかったですね。清水さんが影響を受けたお笑いといいますと、やはりタモリさん？

清水　そうだね。最初はタモリさんが好きだったんだけど、そのうちタモリさんのこの面白いネタはどうやって作られたんだろうって思うようになって、それで構成・高平哲郎ってあるのを見て、高平さんを追っかけるようになったのね、ファンレター出したりして。高平さん、ご存知？

宮崎　僕、大学1年の時、高平哲郎さんのお姉さんに英語を習ってたんですよ。小野悦子先生っていう。

清水　あ、知ってる。小野二郎さんの奥さんだ。

宮崎　そうです、そうです。

清水　『紅茶を受け皿で』の。

宮崎　そうです。とても上品な方で。あとから「私の弟は放送のお仕事をしているの。高平哲郎っていうんだけど」と聞いて驚きました。ちょっと雰囲気が違うので。

清水　へ～。

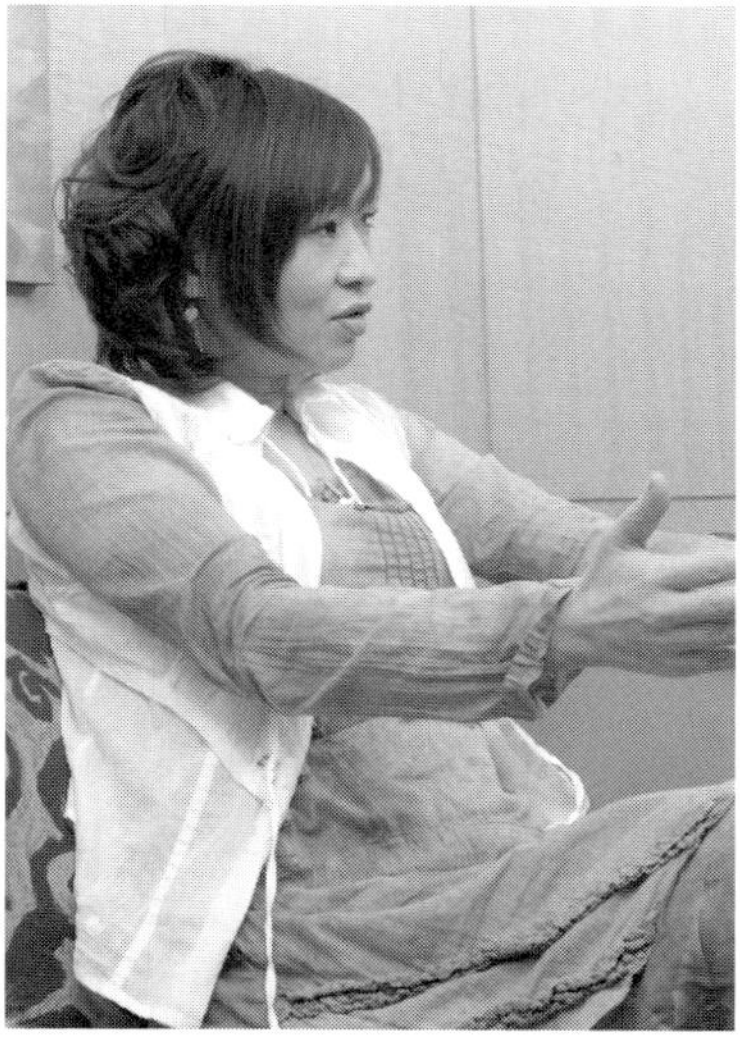

宮崎　でも学生時代から、放送作家に注目してお手紙まで出してというのは、今の清水さんの片鱗を感じさせる、プロっぽいエピソードですね。

清水　そうなのかな。

宮崎　清水さんのデビューのきっかけは、クニ河内さんのラジオ番組の構

成作家兼アシスタントとうかがいましたが、実はこのＤＶＤの絵を描いたり声の出演をしてくれてる河井克夫さんは、今は漫画家なんですけど、学生時代は宅録（自宅録音）少年でクニ河内さんに憧れて、よくコミックソングをつくったりしてたそうなんです。

清水　本当に？　へ～、そうなんだ。そう最初、クニさんにお世話になったのよ。

宮崎　清水さんファンの私とクニさんファンの河井さんのコンビというのも、すごく運命的な偶然を感じます。

清水　それまたずいぶん狭い世界での偶然ね（笑）。じゃあ宮崎さんは、どういうきっかけでこういうＣＤやＤＶＤをつくるようになったの？　昔からこういうのやってたの？

宮崎　直接のきっかけは、漫画家のしりあがり寿さんが監修していたパソコン雑誌の付録ＣＤ-ＲＯＭで、河井克夫さんに誘われて一緒にコントをやったり音楽をつくったりしていたのを「作品にまとめませんか？」と言われたのが最初なんですけど、実は中学のときからオリジナルのシモネタソングを授業中に作って文化祭でバンド組んで歌ったり、遠足とか社会科見学とかのバスでネタをつくって披露したりしてました。だから、当時の同級生は今の活動を見ても、まったく意外じゃないみたいです。全然変わってないと言われます。

清水　自然の流れで。そういうものなのよね。じゃあね、舞台でお芝居するのとライブでこういう曲、歌うのとどっちが楽しいですか？

宮崎　うーん……どっちも楽し……くはないですかね～。

清水　えー？

宮崎　いや、なんていうか、人前で何かやるの緊張するんでイヤなんですよ。終わったときの解放感は好きですが。

清水　ウソー。じゃあ、打ち上げの方が楽しかったりするの？

宮崎　あ、打ち上げは好きですね。

清水　私、打ち上げで盛り上がれる人の気が知

れないのよねぇ。だって、舞台上でこれだけ楽しい思いをして、そのうえさらに楽しい思いをしようなんて、バチがあたるって思っちゃうのよ。だから、ライブあとはいつもおとなしく足早に退散するんだけど。

宮崎　僕はライブよりスタジオでこういうの収録したり、ネタを出したりしてる時が一番楽しいですね。

清水　へー。内向的な人なんだね。

宮崎　ええ……。

清水　あ、ごめん。今の言い方、冷たかった(笑)？

宮崎　いえいえ、子供のときは人前で何かやるの大好きでしたし、自分はすごく目立ちたがり屋だと思っていたんですけど、劇団に入って人前で何かやるのが前提になったら急に、おっくうになってしまって。

清水　じゃあ、何で今も役者やってるの？

宮崎　今さらやめるのも面倒くさいというか。

清水　面倒くさいって、キミ(笑)！　ところどころカチンとくること言うわね。

宮崎　あ、言い過ぎました。

清水　ダメですよ、そんな態度じゃあ。(チケットの)モギリからやらせていただきますって気持ちで、やってくださいね！　片桐はいりです！

宮崎　わかりました。

清水　ネタをつくるのは机の上で？

宮崎　はい。それと散歩したり収録スタジオにいく道すがらに思いついたり。

清水　ＤＶＤに入ってた『エッチママ』ってのも面白いね。ああいうのって実際に見たり聞いたりしたの？　ああいうエッチなママとオヤジの会話を。

宮崎　いえいえ、まったく。

清水　じゃあ、想像してつくったの？　すごいね～。よく考えつくね。

宮崎　おそれいります。

清水　あと『話し方教室』ってのも面白かったな～。

宮崎　ありがとうございます。

清水　ねぇ、宮崎さんって音楽的なことはどう

やって学んだの？
宮崎　学んでないです。
清水　あ、そうなの？　歌をうたうこととか。
宮崎　中学や高校の文化祭での活動ぐらいで。全然、てきとーですよ。自信ないですし、ヘタですし。
清水　そうですかね？　ものすごく上手だと思うけどね。今回のボサノヴァ（『Tingue Bossa Bosa Bossa Nova』)とか『バスト占いのうた』のリズムのとり方とか。
宮崎　あ、うまく歌えない箇所は誤魔化したりします。ワンノート気味に歌ったり、リズムとりにくかったらセリフを喋る感じにしたり。

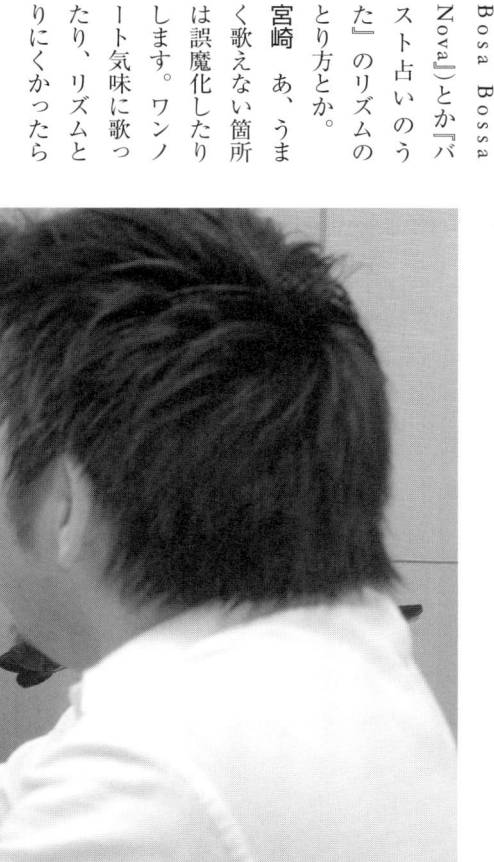

清水　それってすごく上手いってことなんじゃない？　役者でも上手な人って、あえて棒読みにしてみたりするじゃない。
宮崎　あ、僕、芝居も棒読み気味ですよ。悪い意味で。
清水　ダメじゃないですか（笑）。役者失格ですよ。やる気はないわ、本当に棒読みだわで。
宮崎　清水さんこそ、そのたぐいまれな音楽的素養はどこで身につけられたのですか？
清水　ワタクシ？　そうねえ（ちょっと気どって）……やはり中学・高校のときの活動かし

ら? 休み時間の音楽室で花形スターだったものですから。

宮崎 いやいや、そんなレベルじゃないですよ。だって普通にピアノが弾けるだけでなくて、ジャズピアニストの弾き方の微妙なクセまでマネられるじゃないですか。産休前に『いいとも』でいきなり、キース・ジャレットの弾きマネで『ネコ踏んじゃった』をやられたときは、「ああ、日本にもいよいよこういう本格的なエンターテイナーが、あらわれたのか」と驚いたものですよ。

清水 宮崎さん、その時いくつ?

宮崎 高1か高2です。

清水 生意気な(笑)。子供の頃からTV出てる人見てああだこうだ思うタイプだったの?

宮崎 いえいえ僕、中学高校と全寮制の学校だったので、ほとんどTVが見られない環境にいたんですよ。

清水 全寮制?

宮崎 ええ。男子校の。

清水 それってどんな学校なの?

宮崎 帰国子女を受け入れるための学校みたいな。僕は違うんですけどね。日本語が不自由な同級生も結構いましたよ。

清水 へ〜。

宮崎　そこの学校でですね、まことに失礼でご迷惑な話かもしれませんが、まさよし君っていう同級生が僕に「どこか似た雰囲気の人がTVに出てるよ！」って言ってきて、それが清水ミチコさんだったんですよ。

清水　あ、似てるって言われたんだ。顔が？

宮崎　いや、″目つき″らしいです。

清水　あ、わかるわかる。「面白いこと言うぞ！」って感じではないのよね。（お猿のマネして）「ウキキキー！」　とかそういうことしないでしょ。

宮崎　そんなことするの、野沢（直子）さんだけですよ。

清水　ああ、そうか。

宮崎　テレビに出始めた頃、「清水ミチコです。みなさん、私のことは、下唇をかんで″ミ（ヴィに近い発音）ッちゃん！″と呼んでください」って無表情に自己紹介して、「ミッちゃん！」って声がかかると、「はい、本当にはやらない」って冷静にかわしてましたよね。ああいう感じがなんか似てたらしいんです。

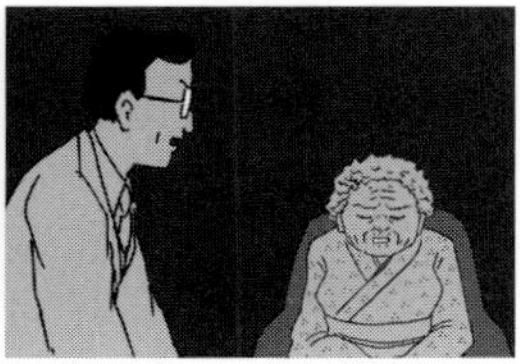

『降霊』より

清水　どういう感じよ、それ（笑）。でも何となく、それはわかる気がする。

宮崎　モノマネとかは全然出来ないんですけどね。

清水　あれ？　何かやってませんでしたっけ。

宮崎　あ、前回のDVDで『降霊』っていうネタがイタコがただのモノマネしてたり、今回の『ヨーデル教室』ってのでも少しやってますが、あれはもう″清水さん″をやろうという試みなので。インスパイアーというかリスペクトなので。

清水　きったねー（笑）。え、『降霊』ってどういうやつだったたっけ？

宮崎　見てますか？

二人でしばらく『降霊』を見る。

清水　（ジャイアント馬場や淡谷のり子のマネに）……ハハハ、ひどいな（笑）。

宮崎　ええ。

清水　（マイケル・ジャクソンのモノマネに）……ハハハ、吹き替えの人のマネじゃん（笑）。

宮崎　ええ。

『降霊』、終了。

清水　なるほどね。モノマネもうまいけど（笑）、あれね、絵が最初から最後まで変わらない面白さってあるんだね。たとえば私がつくろうとしたら、リアクションするたびにいちいち絵を変えたり動かしたりしちゃうと思うのよ。でも、霊が降りてくるんじゃないかって緊迫して見てる人と、モノマネのあまりの杜撰《ずさん》さに呆れてる人の表情が同じ絵で表現できてるところが上手いと思いました。

宮崎　ありがとうございます。実際は河井さんがめんどくさがって、最小限度の枚数しか描いてくれないだけってのもあるんですが、でもそれを河井さんはご自分で〝引き算の演出〟って呼んでます。

清水　いや、そこがいいんだと思うよ。一枚しか絵がない作品も。ねえ、こういうのって、ＣＤの曲とＤＶＤのコントって同時に考えるの？　それとも別々に？

宮崎　いろいろです。『女性専用車両』っていうネタは最初、そういう曲を考えてて、出来なくてコントにしたり。逆に『ストリートミュージシャン』というシリーズで歌ってる曲はコント考えててボツになったネタを歌にしたり。まあ、「これは絵が必要かな？」とか「音楽にすれば誤魔化せるかな？」とかそういう基準でつくってます。

清水　ああ、『ストリートミュージシャン』は絵があった方がいいね。私、まだ見てないんだけど、この『専門学校校歌』ってどういうネタ？　私、たまたま今度、中島みゆきさんのうたう校歌ってネタやろうと思ってるんだけど、マネしたわけじゃないからね。

宮崎　あ、清水さんにお渡ししたサンプルＣＤには入ってなかったかもしれないんですけど、ここらへんの曲もＣＤに収録されます。では、見てみましょうか。

二人、『専門学校校歌』を見る。

清水　（歌詞の字幕を見て）……ハハハ、ひっどい歌だなぁ（笑）。

宮崎　ええ。

清水　（後半の歌詞）……ハハハ、哀しい（笑）。

宮崎　ええ。

『専門学校校歌』、終了。

宮崎　中島（みゆき）さんの『校歌』とは似ている内容でしたか？

清水　似て非なるものでした（笑）。じゃあ、この『僕たちの邪馬台国論争』、いってみましょうか。

二人で、しばらく『僕たちの邪馬台国論争』を見る。

清水　（音楽が始まり、絵が動き出すと）お、今度のは、本格的。

宮崎　ええ。

清水　（サビの「それって、アレと一緒でしょ。〝仕事と私とどっちが大事？〟とか言う女」に）……ハハハハ、違うよ（笑）。

宮崎　ええ。

『僕たちの邪馬台国論争』、終了。

清水　なるほど。これは、アーティスティックですね。よく出来てる。

宮崎　自分のコントを人様と一緒に見るのってツラいですね、若手芸人のネタ見せみたいな気持ちで。

清水　ああ、お笑いは特に。

宮崎　清水さんは昔、ホテルのス

ウィートで黛敏郎に自分のネタを見せながら、ここはどこが面白いのか説明するのが拷問みたいだったって仰ってましたよね。

清水　そうそう、あれはつらかった〜。こういうの、ご両親には見せるの？

宮崎　一緒に見たりはしませんけど、見ている形跡はあります。

清水　どういう反応？

宮崎　黙認って感じです。

清水　そうなんだ。ねぇ、こういうのってひょっとして外国でひそかにウケてたりするのかなぁ？

宮崎　外国？

清水　いや、そういう匂いがしたのよ。宮崎さんの作品って、海外でウケそうじゃない。

宮崎　海外のことは存じ上げませんが、野沢直子さんに帯コメントを頼もうと連絡をしたら偶然、野沢さんもアメリカにいながら、ネットで

僕の『ペリーのお願い』（本DVDの「おまけ」に収録）というネタを見ていてくださったらしいんですよね。あと、日本に住む外国人から初対面で「カイコクシテクダサーイヨ〜、ヘルモンジャナシ〜」って言われた友人がいます。

清水　ああ、そうか。すごいねぇ。そうそう、宮崎さんのネタって外国から見た日本文化っていう視点のものが多いわね。どうして？やっぱり帰国子女の学校だったから？

宮崎　どうなんでしょう。あと、2つのモノの間で、どちらかを選べないで困ってるネタが多いとも言われます。『島根？ OR 鳥取？』とか『猫飼いたい。犬飼いたい』とか。今回の『僕たちの邪馬台国論争』もそうですが。

清水　本当だ。なんでだろう。

宮崎　僕が実際にモノを選べない性格なんです

よ、優柔不断で。

清水　なんだ。

宮崎　でも、なんでしょうね？　その人にとってつくりやすいクセみたいなのもあるんですかね。清水さんも昔、ライブを観に来た中野翠さんに「アナタ、同時に2つのことやるの好きね」って言われたと仰ってましたよね。右手で何、左手で何とか。笛を吹きながら、歌うたうとか。

清水　ああ、そうね（笑）。

宮崎　あ、清水さんこそ『外国人の目から見た山田邦子』っていうネタをジァンジァンでやってましたよね。

清水　え、それ覚えてない。どんなネタ？

宮崎　「（聞きとれないほど早口の金切り声でまくしたてたあと）……それじゃ、いってみよ！」っていうネタです。

清水　ハハハハハ（爆笑）……それ、すごい面白いじゃん！　今度やろう（笑）。

宮崎　『外国人の耳に聞こえる大相撲中継』ってタモリさんがハナモゲラ語と称してやられてましたが、清水さんの『野球がよくわからない人に聞こえる野球中継』（CD『歌のアルバム』収録）は音の模写ではなくて、〝わからない言葉の意味をなんとなく想像した模写〟というハナモゲラ語をさらに複雑に進化させた芸ですよね。アルバムの中でも一番好きなんですよ。

清水　ああ、本当ですか。でも、あれって野球をまったく知らない人が聴いたりすると、どこが面白いのか全然わからないみたいよ。

宮崎　何がおこなわれているのかすら、わからないでしょうね。あと、失礼ですけど、清水さんのモノマネ・レパートリーの中で、「これはボツネタだろう？」ってのがたまにあるじゃないですか。

清水　それは心外だな～（笑）。

宮崎　昔、八神純子のモノマネとか言って、『みずいろの雨』をピアノで弾きながら、彼女がエンディングで吹くホイッスルを最初から口に咥《くわ》えて、歌の代わりに主旋律を吹きまくるだけのものすごくお客さんに伝わりにくいネタありま

したよね。

清水　あったあった（笑）。

宮崎　あれが僕、大好きで。客席でもひとり大ウケしてました。

清水　あれがいいんだ〜（笑）。

宮崎　あと安井かずみのマネってやられてましたよね。

清水　いや、やってないよ。

宮崎　やられてましたよ。松田聖子と松任谷由実がモノマネ対決するネタで〝呪いをかける安井かずみさん〟で、「（ガラガラ声で）安井かずみです。エロイム・エッサイム　エロイム・エッサイム〜……本当に、こういう声の方なんです〜！」って（CD『ミス・ヴォイセス』の「クイズ・ミス・ヴォイセス」に収録）。

清水　あ〜、やったやった。でも、あれは、やったっていうかさぁ〜（笑）、少なくとも持ちネタではないかもよ。

宮崎　どうも完成度の甘い作品にこそ愛着を感じてしまって、自分のつくるものでもどこか知らず知らずのうちに「完成度を下げてみた方が面白いのかな？」というところもあるみたいです。

清水　そうか〜、確実に悪い影響与えてるな（笑）。

宮崎　いや、もちろん完成度のすごく高いものも大好きですよ。僕は清水さんの矢野さんのモノマネを何十回、何百回と聴いてると思いますが、やはり「十年前の矢野顕子」（1stアルバム『幸せの骨頂』収録）の後半にうたう矢野さんの『ひょっこりひょうたん島のテーマ』の衝撃が忘れられないです。清水さんってユーミンとかは「カルマが〜、スピリチュアルで〜」とか「一般大衆のみなさん、こんにちは〜」とか、いくぶんカリカチュアも入れて演じられてますが、矢野さんの場合は、つねに〝ニコッと微笑んでるときの優しい矢野さん〟で、揶揄する視点はまったく入れていないですね。

清水　ああ、そうかもしれない。

宮崎　たとえば『**ピアノが愛した女**』*⑧の冒頭の

＊⑧『**ピアノが愛した女**』……矢野顕子さんがアルバム『SUPER FOLK SONG』をつくる過程を描いたドキュメンタリー映画。

何かにとりつかれたような発声練習シーンとか、ピアノに指くじいて「ウ～プス！」とか、「ここでいったん食事にしましょうか」「いらなーい！」とか、矢野さんって時々、目が据わっててすごくコワイ瞬間がありますけど、そういうのをもっとマネされようとは思ったりしないのですか？

清水　ああ、まったく思わないですね。糸井（重里）さんにも「矢野さんが歌わなそうなバカバカしい歌も矢野さんでうたえば？」って言われるんだけど、それだけはやりたくないんですよ。高3か短大1年かの時、TVで（榊原）郁恵ちゃんが矢野さんのモノマネを、ちょっとアホっぽくやってたの見ちゃったのね。

宮崎　ああ、有名な事件。「こんなものが矢野さんのモノマネとしてまかり通ってはならない！」と思って、清水さんが芸能界入りを決意したという。

清水　そうそう。ま、半分本当ですが（笑）。でも最初に、そういうの見たから、余計やるまいって思うのかもね。

宮崎　僕、松田聖子が矢野さんのマネして『春咲小紅』をうたってるの見たことありますよ。小学4年生の時、日テレの土曜の昼間の番組で。

清水　へ～、似てた？

宮崎　ただの松田聖子が歌う『春咲小紅』でした。

清水　でも、私もこの業界に来てわかったことは、郁恵ちゃんも別にやりたいからとか似てるからやろうとしたんじゃなくて、もっとアホみたいにやれとか、そういうことなのよね。松田さんも無理矢理やらされたんだと思うよ、かわいそうに。

宮崎　なるほど。あ、でも、そうは言ってもですね、世の中には許されざることというのもございまして。矢野顕子モノマネ史上最悪なのを僕、目撃したことがあるんですよ。

清水　何？

宮崎　日テレのモノマネ特番で見た、冨永みーなっていう人がやった矢野さんの『ひとりぼっちはやめた』（映画『となりの山田くん』の主題歌）

の歌マネなんですけど、まず歌の譜割りがデタラメなんですよ。

清水　あ、なんか知ってるぞ、それ！

宮崎　なのにものすごく自信もってやってて。別に似てないのは構わないんですが最低限、歌はちゃんと覚えてこいと。

清水　そんなに本人のこと好きじゃなさそうなのに、どうして堂々とやるかねぇ。

宮崎　声優としてどれだけ人気あるのか知りませんが。

清水　本当にもう、ムカつきますね〜（笑）!!

宮崎　もう、やっちゃってくださいよ！　ボス（笑）。

清水　おう（笑）！

宮崎　デビュー以来20年、清水さんが「矢野さんのモノマネはこうだぞ！」って日夜、言い続けてきたというのに。

清水　いや、「こうだぞ！」とは言い続けてないけどさ（笑）。

宮崎　ええ。

清水　いやでも、そういうこともあるし、その最初に見た矢野さんのモノマネがあまりにアホっぽかったから、この人で笑いはとりたくないぞ、っていうのはあるかな？

宮崎　それはすごく感じますね。祈りにも似た……。

清水　（笑）……そうだね……そうかな？

宮崎　崇高な祈りを見ているような想いで我々も聴いております。人間、何を積極的にやるかよりも何を積極的にやらないかに、その人の品性が表れると申します。清水さんのモノマネが、他のモノマネ芸人の方よりもどこかシャレてて上品なのは、うけるうけない以上に何か大切な価値観を死守されているからなのでしょうね。

清水　誰なんだよ、お前（苦笑）。

宮崎　今日はもうお逢いできて本当に感無量です。今日が人生のピークでした。あとはもう余生です。

清水　ネガティブだな〜（笑）。私以外で、他に会いたい人いないの？　たとえば矢野さんとか

は？

宮崎　こわそうじゃないですか。シモネタも苦手そうだし。

清水　ああ、嫌いそう（笑）。

宮崎　ウンコとかは矢野さんご自身の歌詞にも、よく登場しますけどね。でも、エッチ方面のシモネタはタブーじゃないでしょうか。グループ魂のみんなは大阪のイベントで矢野さんと共演したそうですが。あ、僕、高校以降は清水さんなんですけど、中学のときは戸川純さんが好きで。そしたら去年、あるライブでご一緒することになりまして。

清水　どうだった？

宮崎　やっぱり凄かったですよ。終演後、「実は僕、戸川さんのファンで、ゲルニカの頃からライブ行ってました」って、いろいろ想い出話をさせていただいて。そうしたらあちらもすごく感激してくれていたようだったので、「じゃあ僕、CD出してるんで貰っていただけますでしょうか？」って言ったら、「ぜひ、よろこんで」と仰ってくれて、楽屋にとりに行って戻ってきたら、戸川さんいなくて、スタッフに聞いたら「帰られました」（笑）。

清水　あ、ふられちゃったんだ（笑）。でも、なんかカッコイイね。

宮崎　関係者に伺ったら、ぜんぜん悪気があるわけではなくて、本当に忘れてしまう方なんだそうです。

清水　あ、わざとじゃないんだ。それまたもっとカッコイイね。

宮崎　ええ。渡せなかったということにも、そ

れはそれで感激しちゃったんですけどね。僕ら、俳優仲間のあいだで『徹子の部屋』に出ることを「間に合った」という言い方をするんですね。「え、今度出演するの？　いいなあ、間に合って」って。戸川純さんにお会いできたのも、なんか「間に合った」感があったんですよね、何故か。

清水　微妙な表現だな、オイ（笑）。

宮崎　あと、清水さんが戸川さんのマネをするとき、「アタシ、帰る〜」ってフレーズをよくお使いになってて、昔、『月刊カドカワ』の清水さんの特集号で戸川さん本人がそれを「私、そんなこと絶対言わないと思ってたけど、周りの人がすごく言うって言ってた。よくぞ私の本質を見抜いた」みたいなことが書かれてたことも同時に思い出しました。

清水　でも私がね、戸川さんのモノマネをやったとき、うちの母が「彼女はホンモノだから、あんたにはムリ！」って断言したのよ。

宮崎　あ、僕、清水さんのお母様にもすごく興味があって。語録がいちいち面白いじゃないですか。「アン・ルイスのインタビューに嘘は無し」とか「このCMって、今度ACC賞とるんじゃないか」とか。

清水　よく知ってるねー。そう、うちのお母さん、そういう予言をするのよ。

宮崎　アン・ルイスのインタビューって本当に嘘がないんですよね。ちょっと前に『メレンゲ』出たとき、「宇多田ヒカルなんてどこがいいの？」とかいきなり言い出して。

清水　え、本当に？　そりゃすごいね。

宮崎　あと、昔の『ビッ

クリハウス』読み返してたら、「**あなたは来ない**[*⑨]」って言葉から連想される言葉をどんどんアン・ルイスがあげていくページがあって、そしたらその次が〝来ないは生理↓生理はうっとおしい↓うっとおしいは法律〟ってきて、〝楽しいのはハッパ〟とか〝グロテスクなのはさだまさし↓さだまさしはダサイ↓ダサイは松山千春↓松山千春はアリス（このへん全部イヤ）↓アリスはやめろ↓やめろはお酒〟とか書きたい放題なんですよ。

清水　ほお、好き放題ね。宮崎さん、やんなよ、そういうネタ。アン・ルイスで。

宮崎　昔、アン・ルイスが息子の美勇士くんを言葉でセクハラする「ミュージ君」ってネタはつくったことがあるんですが（『テックウィン』1998年5月号収録）。

清水　すでにやってたか。

宮崎　いや、でもアン・ルイスはすごいですよ。清水さんのお母様もすごいですが。

清水　いや、それを知ってるあんたが一番すごいわ（笑）。

宮崎　いえいえ、清水さんこそ。

清水　宮崎さんって将来的にどうなりたいとかあるの？　TVで活躍したいとか。

宮崎　いや、TVはこわいですからね。僕、去年、本を出して、『**爆笑問題のススメ**[*⑩]』に出演させていただいたんですが、あんなに進行台本がきっちりあって、司会のお二人もすごく親切で、眞鍋かをりさんなんか、僕に「ファンなんです」とまで仰ってくれたのに、カメラ回ったらガチガチでしたから。

清水　でも、宮崎さんって緊張してもハイテンションにならないで、ひたすらローになっていくタイプでしょ。

宮崎　ええ。

清水　だったら、平気なんじゃん。

宮崎　っていうか相手の言ったことが聞こえなくなってきて、「はい？」とか聞き返したり。

清水　どっか図太いところあるもんね（笑）。さっきから緊張してる緊張してる言う割には、

＊⑨**『ビックリハウス』**1982年12月号「RAKE SHORT STORY」今月の書き出し「あなたは来ない」より。

＊⑩**『爆笑問題のススメ』**……作家や本を出した有名人を招いて、「○○のススメ」をテーマにトークを繰り広げるバラエティ番組（NTV系）。2006年3月終了。

どこか度胸すわってる感じするもん。

宮崎　そんなことないですよ。

清水　ひょっとして宮崎さんって、おうち金持ち？

宮崎　えっ………うーん……プププ……プチブルかな？

清水　プププ……プチブルって（笑）。でも、プチブルの人って、いいよね。どっかのんきというか、あせらない、なんとかなるって構えてる人、多いでしょ。

宮崎　でもブレイクしない人も多いって聞きますよ。三木のり平の息子さん（小林のり一氏）とか。

清水　ああ、『ビックリハウス』人脈でいうと（笑）。そうかもね、ガッツがないから。

宮崎　二十歳の頃、宮藤（官九郎）さんにはじめて会った時、むこうも〝東京出身でひとりっこでボンボンで〟っていう人間を見たことがなかったらしくて、「なんかそういう人種の典型をはじめて見た」みたいなこと言ってましたよ。

＊⑪『DoCoMo MAKING SENSE』
J-WAVE　月～金　23:45～24:00

「マイペース過ぎてつきあいづらいね」とも。

清水　私は、そういう人、ラクだけどね。三谷（幸喜）さんもそういうとこあるけど。

宮崎　三谷さんとの**FMラジオ**＊⑪もすごく面白いですね。

清水　本当になんでもチェックしてるんだね。

宮崎　ダウンタウンの松ちゃんがかつて、「漫才は死んだ芸や」と言いましたが、あの三谷さんとの自由なかけあいこそ、まさに漫才ですよ。たとえるなら平成の……うーん、全然、形容する言葉が出てこないんですけどね（笑）。とにかくすごいですよ。

清水　そこを出せたら（笑）。でも宮崎さんも人のことばっか誉めてないで、自分をガーッと出してくださいよ。このDVD売って、ブレイクして。

宮崎　本当にねえ。でも僕、前にうちの事務所の社長に「あなたは売れない方がいい」って言われたことがあるんですよ。

清水　え、何？　それ、どういうこと？

宮崎　日テレの『エンタの神様』が開始された当初、今みたいに若手芸人の登竜門的な番組になる前、いろいろな試行錯誤をしてた時期があって。

清水　あ、私や関根（勤）さんが出てた頃だ（笑）。

宮崎　はい（笑）。それでスタッフのひとりがネットで知ったか何かで、僕に『バスト占いのうた』を歌ってくれという出演依頼が来たんですね。で正直、気がすすまなかったんですけど、「もう30（歳）過ぎたし、そういうことも言ってられないのかな?」とも思っていたら、うちの事務所の社長が「出ない方がいいよ」って言うんです。

清水　なんで?

宮崎　「歌番組でうたってくれ」っていうのなら、バカバカしくて楽しいけど、「お笑いの番組で『バスト占いのうた』を宮崎くんがうたっても、なんか見ててつらいだけだし、むいてないと思うよ」って。で、そのあと社長が「私は宮崎くんには、自分が楽しいと思うことだけを好きにやってて欲しいんだよね。あなたにはガツガツして欲しくないし、売れるってとこじゃないフィールドで伸び伸びと活躍して欲しい」と言われまして。複雑な気持ちにはなりましたけど、なんか嬉しくもあったんですよ。

清水　あ、でもわかるわかる。すごい社長だね。

宮崎　いやあ、アレはなかなかたいした女ですよ。

清水　たしかに売れてキャリアを積んでいくほど、不自由になっていくこともあるからね。売れたら売れたで、すぐ落ちぶれた、見なくなったっぽいことも言われるし。

宮崎　清水さんって、彗星のごとく現れて、はじめから今のスタイルが確立されてて、それから以後、ご活躍にかげりが見えた時期が一度もないですよね?

清水　いや、私はちゃんと売れてないから落ちぶれようがないんだよ（笑）。

宮崎　何を仰いますか～!　売れまくっておりますよ～!　その売れ方も理想的でかっこよく

て、なんといいますか、ニューヨーク的といいますかウディ・アレンみたいといいますか和田誠さん的といいますか、コンスタントにそこそこ高値をキープしつつ死ぬまで安泰って感じで、この先もずっとこのままの感じでいかれそうじゃないですか。

清水　それはわからないよー。

宮崎　でも、ゆとりを感じさせます。あせりとかそういうのがみじんも見られませんよ。

清水　あせりっていうのはないけどさ。でも、若いときはネタもボンボン出来たのにな……ってのはあるよ。宮崎さんも昔に比べてネタができないとかそういうのない？

宮崎　あります。

清水　そういうときどうするの？

宮崎　収録中、マイクの前でじっと考えます。

清水　ああ、図太いから（笑）。でも、そうだね。宮崎さんもこのままの状態がいいのかもね。

＊⑫『ビックリハウス』1983年9月号「**ちょっと早すぎた自叙伝　矢野顕子**」第3回より。

宮崎　ただですね。そうは言っても……というところもございまして。**矢野（顕子）さんが昔『ビックリハウス』**[＊⑫]で、「デヴィッド・シルヴィアンが売れるとやりたいことできなくなるから、売れたくないって言ってて、それは真実だけど、でも1回売れてからそう思うことと、売れないうちからそう思ってることとって違う」と仰ってて。

清水　ああ、それ読んだわ。覚えてる覚えてる。

宮崎　それで「売れるってことの意味の中には体験しないとわかんないことがたくさんある」とも仰ってて、それはそうかなと。ですから1回は売れないと、という思いもあります。

清水　ああそう。私としては、頑張ってねとしか言えないんだけど。応援するわ。

宮崎　ありがとうございます。いや〜、もう今日は、そのお言葉だけで、売れないまま死んでももう充分ですよ！

清水　どっちなのよ（笑）

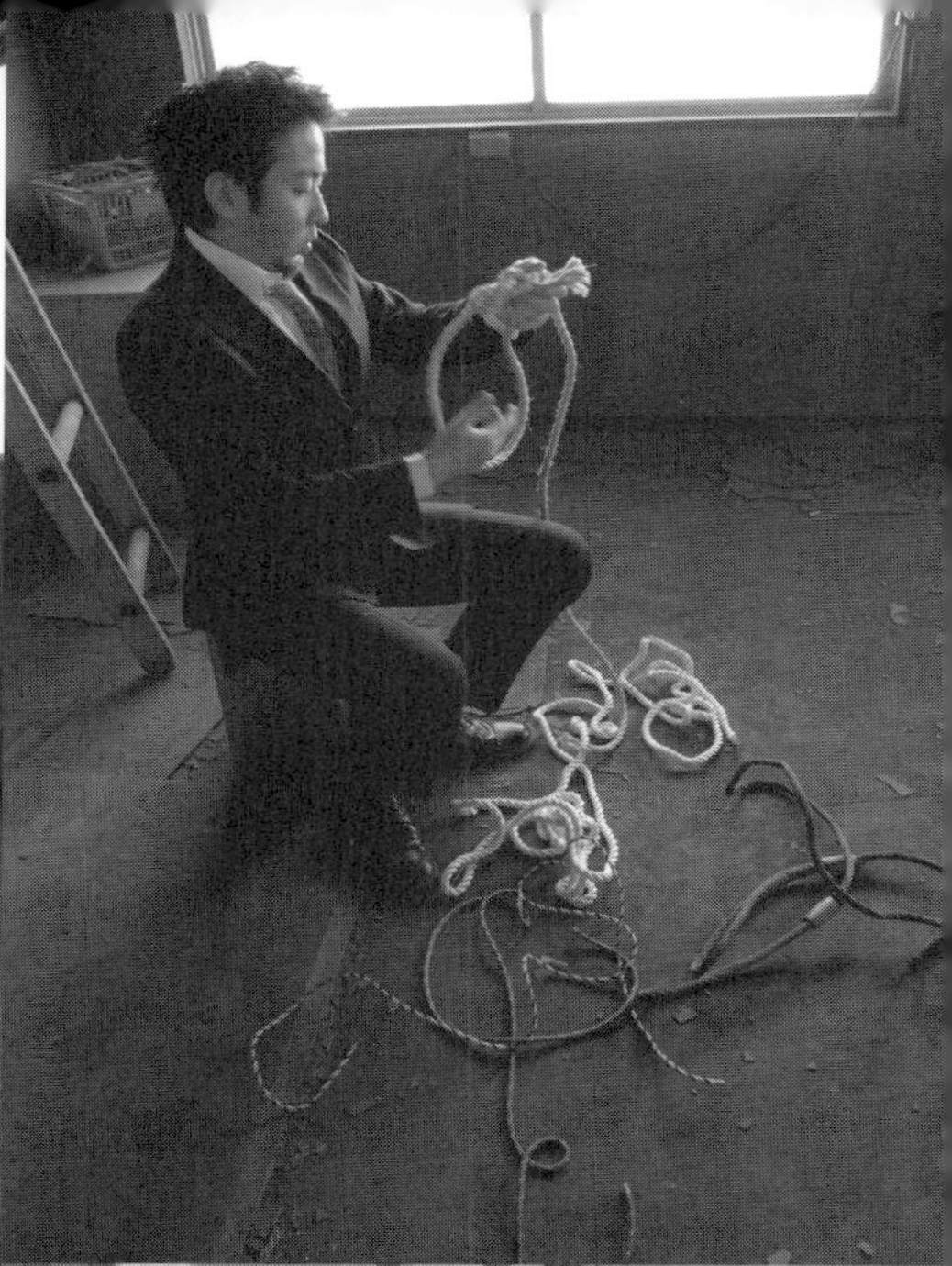

NANO NANO CHIMPO

安田謙一

■安田謙一（やすだ・けんいち）
1962年兵庫県神戸市生まれ。「ロック漫筆家」として『ミュージック・マガジン』『CDジャーナル』などに寄稿。著書に『ピントがボケる音』（国書刊行会）、市川誠との共著『すべてのレコジャケはバナナにあこがれる。』（太田出版）がある。毎日インタラクティブHP内でパロジャケ・コラム「贋作系表紙美術館」連載中。

尊敬する音楽評論家、故・福田一郎さんの言葉に「原稿なんてものは音を聴く前、依頼されたその瞬間に80パーセントは出来上がっているもんだ」というのがある。いや、福田一郎は死んでいないし、そんな事は言っていない。……いや、死んでいた。死んではいたが、そんなことは言っていなかった。言ったのは僕だった。死んでもいない僕だった。

講談社デジタルコンテンツ出版部の編集者からお電話で、宮崎吐夢の新しいDVD-BOOK『今度も店じまい』のブックレットに執筆依頼があった。「もし必要ならば、過去の作品を踏まえていただいても結構ですので、〝宮崎吐夢の音楽〟について語ってください」とのことであった。反射的に原稿は出来た。100パーセント書けた。「mini mini chimpo」（CD『宮崎吐夢記念館』収録）について書く。

ロック／ポップスの歴史を紐解いてみると、男性器についての歌は少なくない。チャック・ベリーの「マイ・ディンガリング」や、ハニーナイツ「オー・チンチン」のように無邪気なものもあるのだが、そのほとんどが、男目線で「どうだ」とその「大きさ」を誇示するものがほとんどだった。エアロスミス（ヤバイよね）のカヴァーで有名なブルムース・ジャクソンの50年代のR&B曲「ビッグ・テン・インチ・レコード」では、10インチ盤の「大きさ」に喩えてみたりしているように特に黒人音楽の世界で「男根崇拝」の伝統は脈々と息づいている。アンディ・ウォホール作のローリング・ストーンズ『スティッキー・フィンガーズ』のスリーヴの「もっこり」も、その延長線上にあるものだ。

そこに（いきなり）「mini mini chimpo」。単に「小さい」人への応援

歌にとどまらず、「大きいことの恐怖」という女性からのまっとうな視点も加味された「進んだ」ナンバーだ。山川健一が小説『歓喜の歌』でシコシコ表わした世界を、3分間ポップスとして一瞬に、キャッチーに成立させた、その手腕は見事としかいいようがない。

欧米人に比べて、男性器をスカッと笑う、という習慣が我が国にはない。10年ほど前、オーストラリアの名画館でラス・メイヤーの『UP! メガ・ヴィクセン』上映中、男性器が映るたびに声をあげて笑うティーネイジャーの少女たちに遭遇してから、ずっと思い続けてきた。欧米のchimpoに匹敵するのが、日本ではUnkoだ。寂れた土産物屋の定番は、あっちではトコトコ歩くchimpo。こっちでは便器の中にUnkoの灰皿だ。さすが、ペリーを取り上げた宮崎ならではのコスモポリタンなセンス。唸らされる。

…というような原稿を、頭で書いていた。そこに編集者から『今度も店じまい』のサンプルが届く。CDを聴く。…ブラック…、…タバスコ…。…褒めるんじゃなかった。「褒めて損した」は故・福田一郎の口癖…だったと、思う。

宮崎吐夢にとって、「ドンびき」の「ドン」は「ポップ・アート」における「ポップ」と同意語である。

本稿のバックグラウンドミュージックは、本田理沙の、阿久悠作詞による「さそって入口　ふるえて出口」でした。

DVD&CD 全作品 レヴュー

高橋洋二

DVD

■高橋洋二（たかはし・ようじ）
1961年生まれ。放送作家・ライター。

文化放送『マッチとデート』で放送作家としてデビュー、以降『タモリ倶楽部』『ボキャブラ天国（シリーズ）』『サンデー・ジャポン』『スタ☆メン』『太田光の私が総理大臣になったら…秘書田中。』など、バラエティを中心に数多くの番組を構成。「小説新潮」でコラムを連載。著書に『10点さしあげる』（大栄出版）がある。

時、今回の解説は全作品レビューにしようと決めた。ところが――

3:キューリー主人

キューリー夫人の旦那、向井千秋の旦那、網浜直子の旦那……どこが〈社会派〉なのか?　だがCFのサウンドロゴの流用は今回も好調。網浜夫妻の話題の締めに「アミールS!」と長嶋茂雄風に叫んでみるというのはどうだろうか。

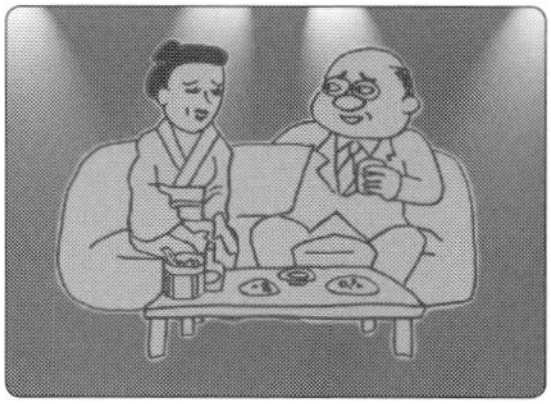

4:エッチママ

オヤジギャグは飛ばすが、エッチ

1:舌禍事件

「エイリアン2」が〈今度は戦争だ!〉ならこちらは〈今度は社会派だ!〉である。今回宮崎は朝日新聞の読者をターゲットにシフトしたかのようなストレートなサタイア《風刺もの》を打ち出してきた。これは「第2の松崎菊也宣言」か?

2:ストリートミュージシャン4

前作から続くこのシリーズも今回は俄かにジャーナリスティックな色合いが濃くなっている。「セミ・リタイヤのすすめ」を作詞したタカヒロは「下流社会」を読んだのだろうか。私はこのオープニング2作品を観た

ベタであろう小ボケが連打されるが、まるでこの世に「ツッコミ」というものが存在しないかのように放置されている。これが宮崎タッチ。

7:ストリートミュージシャン5

ほとんどのニャンニャン写真は撮られたというより自分達で撮ったものだろう。以前、前川清の盗撮ものが写真週刊誌に載ったこともあるが。

8:女性専用車両

河井の絵のタッチに力が入ってい

なママの逆セクハラは即座に諌める常連客・伊澤。宮崎は世のオヤジ像の造型に思考停止を見ているのだ。

5:カ・ジ・テ・ツ・ダ・イ!

ニートを扱うドキュメンタリーにありそうな風景だが、宮崎は鼻声で「家事手伝い」という言葉をただ連呼したくなっただけではないか？ただ、その動機の強さが結果作品に一本芯を通している。

6:カウンセリング

ベタかシュールかといえばやはり

るのは、今回最初に収録した作品だからだそうだ。

9:話し方教室

前作の「究極の選択」同様、フリに対して全くズレているオチが唐突にやって来る。これも宮崎が自家薬籠中の物としている手法だ。

10:豪華3本立て!! 夏休み店じまいまんが祭

ビンタくんのママが叫ぶ「口ごたえしない!」のエロキューションが、『GO! GO! NIAGARA』(大滝詠一)のM❷「趣味趣味音楽」のオチのフレーズ「趣《シュ》味《ミ》趣《シュ》味《ミ》音楽《ミュージック》聴け!」のそれと偶然の酷似。

11:ストリートミュージシャン6

どうかという程愚直に長時間つないでいるコーちゃんの人間性が、やがてクローズアップされていく展開となる。

12:倦怠期

私、学生時代に、夫が妻に「お前、今屁で返事したな」というセリフのあるコントを思いついたことがありました。

はDVDに入れない方がいいんじゃないかと言われたとか。

16:僕たちの邪馬台国論争

宮崎、河井をはじめ関わったクリエーターすべての総合力が炸裂した贅沢な作品。また何のことわりもなく展開がブロークバックなものになっている。社会派かどうかはもうとっくにどうでもいいこととなった。良い意味で。

17:芦田兄弟

高熱を発した時に見る夢のような作品世界である。あと、犬の登場が、

13:ヨーデル教室

亀谷さんはカツラを購入して更生したのか。

14:鼻クソほじり占い

宮崎の得意な占いものだが、実は本作が一番最初のものらしい。「鼻クソ～」は2000年4月、「バスト～」は2001年7月。

15:ヤバイ奴ら

「フォークダンスDE成子坂」の末期の頃の桶田のような芸風の作品である。宮崎は知人から、このトラック

トの切り返しが堂々のヌーベルバーグである。外光の照り返しを描き込んだ河井の絵もていねいだ。

20:もうひとつのバーにて

そういえば前作と今作の間の2005年に、同じく「バーの店じまいの日の夜」を描いた日本映画『大停電の夜に』（源孝志監督）が公開されている。バーのマスターに豊川悦司、店じまいの日に初めてやって来る客は田畑智子、宇津井健、吉川晃司……。オールスター映画なのにどうもコケたらしい。名画座の三軒茶屋シネマで観たけど結構いい映画だった。考えようによっちゃ宮崎の店じまいものと共通点はありや?

いい出来のパチンコ台のリーチ予告画面っぽい。

18:舌禍事件2

「舌禍事件」で始まり、はるか離れた位置に「2」を置いた構成が見事にはまっている。連打されるシモネタのただのシモネタ度数がどんどん純度を上げていく。圧巻。

19:ストリートミュージシャン7

ストリートミュージシャンをストリートから喫茶店内に配置する事により、相当な物語性を構築させている。対面して会話する二人のショッ

おまけ2　ピアノレッスン

初期の外国人ものは、ところどころに英語が混じっているところが上手かったなあ。

21：専門学校校歌

「と思うよ」が「レット・イット・ビー」風だが、全体像はむしろ「家をつくるなら」（加藤和彦）や「雨やどり」（さだまさし）のような字あまりフォークだ。

おまけ1　ペリーのお願い

今や古典的名作である。私、あるお笑いライブの新人枠のオーディションで審査員をやってるんですが、アマチュアのピン芸人で、このネタをそのまんまコピーして披露した人がいましたよ。この場合、宮崎はすごいってことなのか、どうなのか。

CD

M-❶ intro～今度も店じまいのテーマ

ネタ元なんじゃないかと思われるビョークのことを宮崎はよく知らないのか、シンディ・ローパー風だったり、一瞬スティングみたいになったりして、最終的に「ファントム・オブ・パラダイス」のBEEF、というかいつもの宮崎節が響きわたる。「早押しクイズ・誰をマネてるんでしょうか!?」の出題テープかのような展開だ。

M-❷ BLACK UNKO

この曲は1年前（2005年5月）に作られたものだが、2006年3月にリリースされたPRINCEの新曲タイトルが奇しくも「BLACK SWEAT」。作曲したサイモンガー氏いわく「汗が黒なら、いっそオシッコも黒。まんまとアッチから歩み寄ってきた」とのこと。このことを誰かPRINCEに伝えた方がいいのかどうなのか。

M-❸ むしろキューリーはこのアタシ

なんで、旦那なのにオカマなのかについては宮崎はグチるキャラだとどうしてもオカマじゃないと演じられなかったからだろう。グチる女性キャラの女言葉もオカマ言葉だったのだろうか。ややこしい。

M-❹ カ・ジ・テ・ツ・ダ・イ!（british neet mix）

この素晴らしいアレンジは河井作品においては珍しい、特定されるネタ元が特にない、何もパクんないで作ったものだそうだ。

M-❺ Tingue Bossa Bosa Bossa Nova
（チンゲ・ボッサボサ・ボッサノーヴァ）

宮崎本人は「サンパウロのある日系人家族を隣人の視点から描いたボサノヴァ版『親父の一番長い日』」と言い張るが、この日系人、関西弁風のセリフも喋る一方、後半はなぜか北関東なまりになっている。

M-❻ おつりもらってないんです
M-❼ セミ・リタイヤのすすめ
M-❽ ニャンニャン写真
M-❾ 裏日本に生まれて
M-❿ 昭和の情熱

ゆすりの一連の楽曲は全盛期のあのねのねを想起させる。もちろんこれは褒め言葉だ。

M-⑪　専門学校校歌

この曲のメッセージが宮崎作品にしてはストレートなものに感じるのは、某専門学校のTVCMでおなじみの「♪どこまーでも　どこまーでも　はてしない空～」という、あの世界観が本気でこちらをムカつかせるものだからだろうか。

M-⑫　TABASCO UNKO

宮崎がPRINCEをやると、何度か一瞬本物の志村けんになる。

M-⑬　カ・ジ・テ・ツ・ダ・イ！（oriental neet mix-original mix）

「家事手伝い　前田雪乃（38）」の「38」のところに、なるほどこれは悲しいと感じた。そしてリアリティも。ちなみに内藤やす子が「想い出ぼろぼろ」の歌詞の男女の関係について作詞者の阿木燿子にきいたところ、「あの二人は夫婦よ」と答えたという。不憫で貧しい男女の関係が同棲でなく、夫婦と知り、さらにリアルな不憫さを感じたものだ。

M-⑭　僕たちの邪馬台国論争

CD収録にあたり、鳥羽氏はリズムの合間に「ムー！」「ムー！」と掛け声が入る「それよりムー大陸はどこ？ mix」を思いついたが、いざやろうとしたら「かなりジャマくさかったのでボツになった」（宮崎談）という。これもまた宮崎スタイル。

M-⑮　今夜で店じまいのテーマ

冒頭、本当に宮崎に野宮真貴が張りついたかのように、シックなボーカルで始まるが、ラストに向けてどんどん化けの皮がはがれていく。

M-⑯～⑱　Acidda兄弟Ⅰ、Ⅱ、Ⅲ

～組曲『芦田兄弟』（「南部イマラチヨ追分』『南部茶臼節』『南部乳腺包み込み恋歌』）より～

DVDヴァージョン同様に、幕間にホール風拍手が入ると、ビジュアルがより混乱してくる効果がある。

KOMATSU